Konvergenz der internationalen Risikokapitalmärkte

Neue Herausforderungen in der Mittelstandsfinanzierung

von

Sebastian Hofmann-Werther

Tectum Verlag
Marburg 2004

Hofmann-Werther, Sebastian:
Konvergenz der internationalen Risikokapitalmärkte.
Neue Herausforderungen in der Mittelstandsfinanzierung.
/ von Sebastian Hofmann-Werther
- Marburg : Tectum Verlag, 2004
ISBN 978-3-8288-8772-5

Tectum Verlag
Marburg 2004

Für meine Eltern

Inhaltsverzeichnis

Abkürzungsverzeichnis

ABS	Asset Backed Securities
AG	Aktiengesellschaft
ARD	American Research and Development Corporation
bzgl.	Bezüglich
bzw.	beziehungsweise
ca.	circa
d. h.	das heißt
etc.	et cetera
i. d. R.	in der Regel
i.a.	im allgemeinen
IfM	Institut für Mittelstandsforschung, Bonn
IPO	Initial public offering
KBG(n)	Kapitalbeteiligungsgesellschaft(en)
KfW	Kreditanstalt für Wiederaufbau
KMU	Kleine und mittelständische Unternehmen
LBO	Leveraged buyout
LP	Limited Partnership
M & A	Mergers and Acquisitions
MBI	Management buyin
MBO	Management buyout
Mio.	Millionen(n)
Mrd.	Milliarde(n)
SBA	Small Business Administration
SBIC	Small Business Investment Companies
US.	United States
USA	United States of America
WFG	Deutsche Wagnisfinanzierungsgesellschaft mbH
z. B.	zum Beispiel

Abbildungsverzeichnis

Tabellenverzeichnis

1 Einleitung

1.1 Problemstellung

Seit dem Einbruch der Konjunktur zum Jahreswechsel 2000/2001 und dem rapiden Anstieg von Unternehmensinsolvenzen ist der Mittelstand in Deutschland erneut in den Mittelpunkt der wirtschaftspolitischen Diskussion gerückt. In diesem Zusammenhang wird die so genannte „Kreditklemme", die unzureichende Versorgung mit Finanzierungsmitteln für Wachstum und Innovation, und die niedrigen Eigenkapitalquoten als Gründe für notwendige Umstrukturierungen in der Mittelstandsfinanzierung thematisiert.

Die Problematik der Mittelstandsfinanzierung wird mit den weitreichenden Verflechtungen verschiedener Komponenten begründet, darunter vor allem den strukturellen Gegebenheiten des Bankensystems, des Angebots an Risikokapital, den vom Staat gesetzten Rahmenbedingungen sowie den traditionellen Verhaltensweisen des Mittelstandes selbst.

Übereinstimmend wird in der Fachliteratur der Mangel an Eigenkapital im Mittelstand als Kernproblem der Mittelstandsfinanzierung genannt. Demzufolge wird eine verbesserte Eigenkapitalausstattung des deutschen Mittelstands als Voraussetzung für höhere Risikotragfähigkeit, für Wachstum und Innovation gesehen. In folge dessen werden Angebot und strukturelle Rahmenbedingungen möglicher Risikokapitalfinanzierungen zunehmend diskutiert.

In dieser Arbeit sollen die Entwicklung und die Struktur des Risikokapitalangebots in Deutschland mit seinen Auswirkungen auf den Mittelstand untersucht werden. Der Entwicklung des Risikokapitalmarktes in Deutschland wird die zeitliche und strukturelle Entwicklung des Risikokapitalmarktes in den USA gegenübergestellt. Diese Gegenüberstellung bietet sich aufgrund der internationalen Leitfunktion des US-amerikanischen Marktes als Referenz- und Beurteilungskriterium an.

Es wird nachzuweisen sein, dass die Risikokapitalmarktstrukturen beider Länder, Deutschland und USA, aufgrund der internationalen Verflechtungen von Wirtschaft und Finanzmärkten zunehmend konvergieren und sich die relative Unreife des deutschen Marktes gegenüber dem der USA auflöst.

1.2 Gang der Untersuchung

Einführend werden in Kapitel 2 die wichtigsten Begriffe und Terminologien bestimmt, die im Rahmen der vorliegenden Arbeit verwendet werden. Neben den Hauptbegriffen Risikokapital, darunter Venture Capital und Private Equity, werden als weitere Elemente der Mittelstand sowie das Eigenkapital mit dessen Funktionen definiert und abgegrenzt.

Im dritten Kapitel der Arbeit werden die grundlegenden Strukturen der Risikokapitalmärkte erläutert. Hierbei wird im ersten Teil von Kapitel 3 zunächst die Funktionsweise des Risikokapitalgeschäfts dargestellt, sowie die Grundformen der Finanzierungsphasen bis zu den marktüblichen Exit Möglichkeiten im Risikokapitalmarktgeschäft beschrieben.

Im zweiten und dritten Teil von Kapitel 3 werden die Entwicklung und die Strukturen der Risikokapitalmärkte in Deutschland und in den USA explizit aufgezeigt. Dabei wird auch auf die Finanzierungssysteme eingegangen, in welche die jeweiligen Risikokapitalmärkte eingebettet sind. Die Darstellung der Risikokapitalmärkte in beiden Ländern folgt einer weitgehend übereinstimmenden Systematik. Wesentliche, die jeweilige Marktentwicklung in Deutschland und in den USA determinierenden Faktoren werden in einem Fazit für jedes Land zusammengefasst.

Das vierte Kapitel versucht durch Gegenüberstellung der wesentlichen Entwicklungen in beiden Ländern eine Konvergenz der Risikokapitalmarkstrukturen von Deutschland und den USA nachzuweisen.

Im fünften und letzten Kapitel werden die aus der Konvergenz der Risikokapitalmarktstrukturen resultierenden Auswirkungen auf den deutschen Mittelstand ausgearbeitet. Erörtert werden neue Anforderungen als auch Chancen für die zukünftige Mittelstandsfinanzierung.

Die Arbeit schließt mit einem kritischen Ausblick über das deutsche Risikokapitalgeschäft.

2 Theoretischer Hintergrund und Terminologie

2.1 Risikokapital

Risikokapital umfasst sämtliche Formen von Eigenkapital und eigenkapitalersetzenden oder nachrangigen Finanzierungsformen.[1]

2.2 Venture Capital

Der Begriff Venture Capital kommt, wie die Sache selbst, aus den USA und hat sich in Europa zunächst in Großbritannien durchgesetzt, bevor die Entwicklung auf den Kontinent übergriff.[2] Gemäß Oxford Advanced Learner's Dictionary wird Venture Capital wie folgt definiert: "Money invested in a new enterprise, especially a risky one". Aufgrund solcher Definitionen wurde in Deutschland der Begriff Venture Capital zunächst mit dem Wort Wagniskapital gleichgesetzt. Dies führte jedoch zu Missverständnissen – z. B. zu der Vorstellung, dass Wagniskapital eine extrem riskante Anlageform darstellt. Infolge dessen hat sich auch in Deutschland der Begriff Venture Capital durchgesetzt.[3]

Unter Venture Capital versteht man Beteiligungskapital, welches von Kapitalgebern meist jungen und innovativen Unternehmen zur Verfügung gestellt wird, um somit das Unternehmen zu stärken, zu fördern und Innovationen zu vermarkten.[4] Es handelt sich hierbei meist um Frühphasenfinanzierung (Seed-Finanzierung, Start up-Finanzierung), was den wesentlichen Unterschied zu Private Equity ausmacht.[5]

Bei den Investitionen in Venture Capital bedienen sich die Kapitalgeber Institutionen, den so genannten Kapitalbeteiligungsgesellschaften.[6] Diese Beteiligungsgesellschaften sammeln das Geld der Investoren und führen dies ausgesuchten jungen Unternehmen zu. Ziel der Beteili-

---

[1] Vgl. Enzyklopädisches Lexikon (1957) S. 1359
[2] Vgl. Leopold/Frommann/Kühr (2003) S. 3
[3] Vgl. ebenda
[4] Vgl. ebenda
[5] Vgl. Kokajl, L./Paffenholz, G./Moog, P. (2003) Neue Tendenzen in der Mittelstandsfinanzierung S. 11
[6] In wenigen Fällen wird das Kapital auch von Privatpersonen gestellt, den so genannten Business Angles. Man spricht dann von informellem Venture Capital.

gungsgesellschaften ist, den Wert des Unternehmens zu steigern, um Kapitalgewinne durch laufende Erträge und vor allem durch den späteren Verkauf zu erzielen.[7]

Bei dem bereitgestellten Kapital handelt es sich in der Regel um risikohaftendes Eigenkapital, welches im Falle einer Insolvenz des Unternehmens eventuell aufgebraucht wird, um anderes vorrangiges Fremdkapital zu bedienen.[8]

Die Beteiligungsgesellschaft geht somit eine enge Bindung mit dem Unternehmen ein. Aus diesem Grund stehen die Investoren den Unternehmen auch in Managementfragen zur Seite und unterstützen es durch Kompetenz, Fachwissen und langjährige Kontakte.

2.3 Private Equity

Auch der Begriff Private Equity stammt aus den USA und wurde in den deutschen Sprachgebrauch übernommen. Mit Private Equity wird Eigenkapital bezeichnet, das dem Unternehmen außerhalb der Börse zur Verfügung gestellt wird. Diese spezielle Form des Eigenkapitals wird somit oft als „nicht börsengehandeltes Beteiligungskapital" beschrieben.[9]

In Deutschland wurden anfangs Venture Capital und Private Equity oft synonym verwandt. Mit fortschreitendem Entwicklungsstand der Private Equity Branche kristallisierte sich Private Equity als ein Oberbegriff des gesamten Eigenkapitalgeschäfts heraus, wobei Venture Capital als ein Teilbereich des gesamten außerbörslichen Eigenkapitalgeschäfts angesehen wird.[10]

Private Equity kann sich auf alle Phasen eines Lebenszykluses eines Unternehmens beziehen. Die möglichen Finanzierungsanlässe von Private Equity sind somit breit gefächert. Sie reichen von der Frühphasenfinanzierung über Wachstumsfinanzierung (Expansion) bis hin zur Vorbereitung von Börsengängen (Bridge-Finanzierung, IPO-Finanzierung). Des weiteren fallen Sonderanlässe der Finanzierung wie verschiedene Formen der Firmenübernahme (MBO, MBI, LBO) oder Sanierungen (Turnaround) in den Bereich Private Equity.[11]

---

[7] Vgl. Leopold/Frommann/Kühr (2003) S. 3
[8] Vgl. Nittka, I. (2000) S. 24
[9] Vgl. Kokajl, L./Paffenholz, G./Moog, P. (2003) S. 11
[10] Vgl. Leopold/Frommann/Kühr (2003) S. 6
[11] Vgl. ebenda

Die Sonderformen Mezzanine-Kapital (Mischform zwischen Eigen- und Fremdkapital) sowie Private Equity-Dachfonds (Fund-of-Funds) werden ebenfalls dem Private Equity zugeordnet.[12]

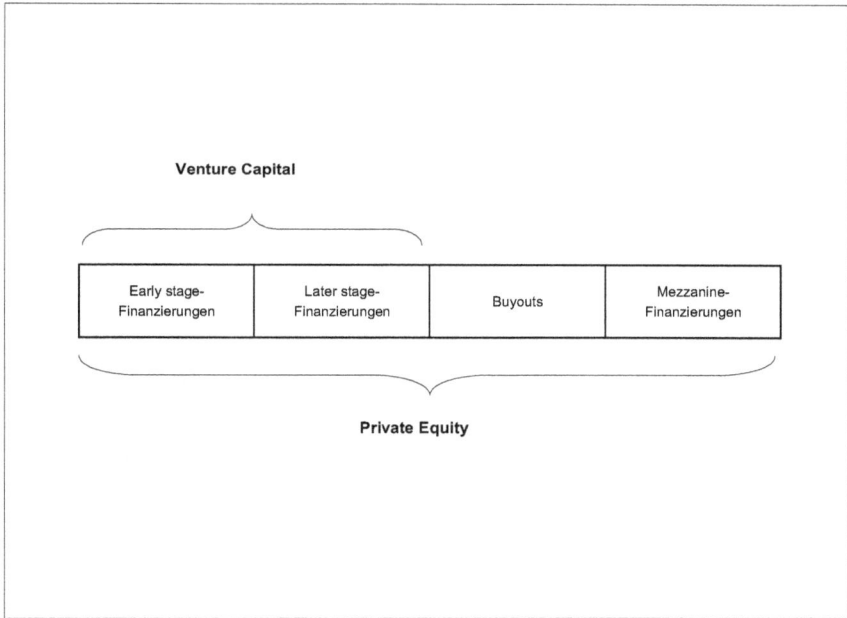

Abbildung 1: Abgrenzung Venture Capital und Private Equity[13]

Gemäß dem Bundesverband Deutscher Kapitalbeteiligungsgesellschaften (BVK) wird Private Equity durch folgende drei Merkmale unterschieden:[14]

1. „Private Equity ist risikotragendes Beteiligungskapital/Eigenkapital oder eigenkapital-ähnliche Finanzierungsinstrumente, die einem Unternehmen auf dem Weg der Außenfinanzierung zur Verfügung gestellt wird. Es stellt haftendes Eigenkapital dar, welches ohne sonst übliche Kreditsicherheiten vergeben wird und das unternehmerische Risiko

---

[12] Vgl. Frommann, H./Dahmann, A. (2003) S.6
[13] Vgl. Frommann, H./Dahmann, A. (2003) S. 5
[14] Vgl. ebenda S. 7

voll mitträgt. Die Investitionen erfolgen langfristig, jedoch zeitlich begrenzt, über einen Zeitraum von durchschnittlich 5 bis 7 Jahren".

2. „Private Equity beinhaltet darüber hinaus eine im Einzelfall mehr oder weniger intensive Betreuung und Beratung des zu finanzierenden Unternehmens in Abhängigkeit von seinem Entwicklungsstand und seiner künftigen Strategie. Diese als Hands on-Management bezeichnete Unterstützungsfunktion beinhaltet einen Know-how-Transfer durch den Kapitalgeber. Gleichzeitig werden dem Kapitalgeber verschiedene Kontroll- und Mitspracherechte in den Entscheidungs- und Kontrollgremien des Unternehmens eingeräumt".

3. Private Equity-Investitionen zielen auf eine Partizipation am langfristigen Wertzuwachs der Zielunternehmen ab. Der Gewinn aus den Investitionen wird zum Zeitpunkt der Veräußerung der Unternehmungsanteile realisiert".

Als Ergebnis ist festzuhalten: Private Equity steht als Oberbegriff für das Eigenkapital Geschäft außerhalb der Börsen: Es umfasst sowohl Venture Capital und ist mit diesem über weite Strecken identisch, deckt aber auch angrenzende und ergänzende Geschäftsfelder ab, darunter insbesondere die Bereiche Buyout und Mezzanine.

2.4 Der Mittelstand

Für die weitere Untersuchung dieser Arbeit ist von großer Bedeutung, die Terminologie „Mittelstand" genau zu definieren sowie dessen volkswirtschaftlichen Stellenwert zu verstehen, da der Mittelstand in Europa die Hauptzielgruppe für Private Equity und Venture Capital ausmacht.

Der Mittelstand in Europa steht für fast 99% aller Unternehmungen und 65 Million Arbeitsplätze. [15] In Deutschland gehören 99,7 % aller zur Mehrwertsteuer veranlagten Unternehmen dem Mittelstand an. Sie beschäftigten im letzten Jahr 69,7 % aller Arbeiter und Angestellten.[16] Der Mittelstand ist der entscheidende Motor für unternehmerische Initiative und Innovation. Er leistet entscheidende Beiträge zu Wachstum, Wettbewerbsfähigkeit und Beschäftigung und ist wirtschaftlich eine entscheidende Kraft.

---

[15] Vgl. Europäische Kommission, KMU-Definition
[16] Vgl. Finanz Betrieb (7-8/2003) S. 456

14

Der Mittelstand wird üblicherweise unterteilt in kleine und mittlere Unternehmen, so genannte KMU, und den gehobenen Mittelstand. Die Abgrenzung erfolgt anhand von verschiedenen Kriterien. Diese Kriterien reichen von der Beschäftigtenzahl über den Jahresumsatz, die Bilanzsumme, die Bruttowertschöpfung, das Anlagevermögen bis hin zu einer Kombination aus mehreren dieser Kriterien.[17]

In Deutschland sind die Abgrenzungskriterien des IfM, des Instituts für Mittelstandsforschung, weit verbreitet. Danach werden Unternehmen als klein eingestuft, wenn sie weniger als 1 Million € Umsatz und bis zu neun Beschäftigte aufweisen. Mittlere Unternehmen sind solche mit 1 Million € bis 50 Millionen € Umsatz und zehn bis 499 Beschäftigten, Firmen mit höherem Umsatz beziehungsweise größerem Personalstand werden als Großunternehmen bezeichnet.[18]

Für die Zwecke dieser Untersuchung wird die im Private Equity Geschäft marktübliche Abgrenzung für den gehobenen Mittelstand zwischen <50 Mio. € und >500 Mio. € gewählt.[19]

Neben dieser Abgrenzung der Unternehmen nach Umsatz und Beschäftigungszahl sind für das IfM auch qualitative Faktoren von Wichtigkeit. Demnach müssen die Unternehmen konzernunabhängig sein, es muss eine Einheit von Eigentum, Haftung und Führung bestehen sowie weitgehende Verantwortlichkeit des Inhabers für alle unternehmensrelevanten Entscheidungen.[20]

Für die Inanspruchnahme staatlicher Förderprogramme vergibt die Europäische Union (EU) auf internationaler Ebene Empfehlungen für die Abgrenzung von mittelständischen Unternehmen. Im Gegensatz zum IfM gliedert die EU jedoch kleine und mittlere Unternehmen in drei Klassen, sie unterscheidet Kleinstunternehmen, kleine Unternehmen und mittlere Unternehmen. Ferner wird zur Charakterisierung neben dem Umsatz noch die Bilanzsumme miteinbezogen.[21]

---

[17] Vgl. IFM der Universität Mannheim, Definition KMU
[18] Vgl. Deutsche Bundesbank, Monatsbericht Oktober (2003) S. 31
[19] Vgl. Studie, der deutsche Mittelstand – Auffassungen und Erwartungen (2004) S. 1
[20] Vgl. IFM der Universität Mannheim, Definition KMU
[21] Vgl. ebenda

Daraus ergeben sich für die EU, gemäß ihrer Empfehlung vom 6. Mai 2003, folgende Schwellenwerte für KMU:[22]

Tabelle 1: KMU Definition der EU ab 1. Januar 2005[23]

Unternehmens-kategorie	Zahl der Mitarbeiter	Umsatz	oder	Bilanzsumme
mittelgroß	< 250	≤ € 50 Millionen		≤ € 43 Millionen
klein	< 50	≤ € 10 Millionen		≤ € 10 Millionen
mikro	< 10	≤ € 2 Millionen		≤ € 2 Millionen

Im Gegensatz zum IfM ist die Bedingung der Konzerunabhängigkeit, nach der EU Definition, erfüllt, wenn die Kapitalbeteiligung eines Großunternehmens unter 25 % liegt.[24]

Die EU geht davon aus, dass diese neue Definition eine größere Rechtssicherheit bringt sowie garantiert, dass Unternehmen, die Teil einer größeren Unternehmensstruktur sind und deshalb von einer stärkeren wirtschaftlichen Position profitieren könnten als echte KMU, nicht von KMU Unterstützungsmaßnahmen profitieren. Des weitern möchte sie damit Verzerrungen im Binnenmarkt vermeiden, um somit die Wettbewerbsfähigkeit von KMU zu stärken.[25]

2.5 Eigenkapital

Risikokapital wird den Unternehmen in der Regel in Form von Eigenkapital zur Verfügung gestellt. Aus diesem Grund ist es wichtig, das Eigenkapital und seine Funktion im Unternehmen kurz darzustellen.

Im klassischen Sinne versteht man unter Eigenkapital den Teil des Kapitals eines Unternehmens, der von den Eigentümern in deren Eigenschaft als Eigentümer den Unternehmen zur Verfügung gestellt oder durch Nichtentnahme des Gewinns (Innenfinanzierung, Gewinnthesaurierung) belassen wird.[26] Vor dem Hintergrund des Themas dieser Arbeit wird die Innenfinanzierung vernachlässigt und Eigenkapital, das dem Unternehmen von außen zugeführt wird, in den Mittelpunkt gestellt.

---

[22] Vgl. Empfehlung der Kommission 2003/361/EG zur KMU-Definition, gültig ab 1. Januar 2005
[23] Vgl. Amtsblatt der Europäischen Kommission, Empfehlung KMU (2003) S. 39
[24] Vgl. Europäische Kommission, KMU-Definition
[25] Vgl. ebenda
[26] Vgl. Gräfer H./ Beike R./ Scheld G., (1998) S. 77

2.5.1 Funktionen des Eigenkapitals

Eigenkapital kann als die Grundausstattung mit haftendem Kapital eines jeden Unternehmens verstanden werden. Es bildet das Fundament für jegliche wirtschaftliche Unternehmung. Dabei übernimmt das Eigenkapital grundlegende Aufgaben, um den Fortbestand des Unternehmens zu sichern und in einem finanziellen Gleichgewicht zu halten. Dazu zählen unter anderem die Sicherung der Liquidität des Unternehmens, wobei gleichzeitig eine befriedigende Rentabilität des eingesetzten Kapitals erzielt werden soll bei ausreichender Sicherheit für alle Kapitalgeber.[27] Jedoch ergibt sich hierbei häufig eine Diskrepanz. Hochrentable Geschäfte sind häufig mit einem größeren Risiko verbunden. In diesem Bereich übernimmt das Eigenkapital eine Sicherungs- bzw. Haftungsfunktion, mindert das Risiko und stärkt die Kreditwürdigkeit des Unternehmens.[28]

Gerade in Zeiten expansiver Geschäftspolitik, charakteristisch für junge Unternehmen, ist eine gute Ausstattung mit Eigenkapital von großer Wichtigkeit und bildet die Grundlage für Innovationen, Finanzierung von Innovationen und Erschließung neuer Märkte.[29]

2.5.2 Eigenkapital versus Fremdkapital

Die beiden verschiedenen Finanzierungsformen Eigenkapital und Fremdkapital weisen in ihrer Struktur grundlegende Unterschiede auf.

Das investierte Eigenkapital von Kapitalbeteiligungsgesellschaften stellt Haftungskapital dar. Die Investoren übernehmen damit das Risiko des Verlustes ihrer Einlage, da im Falle einer Insolvenz das Eigenkapital eingesetzt wird um ausstehende Verbindlichkeiten z. B. Fremdkapital zu begleichen. Das Eigenkapital stellt sich somit schützend vor das Fremdkapital.[30]

Bei einer Finanzierung mit Fremdkapital trägt der Kapitalgeber das Unternehmensrisiko nicht primär sondern sekundär. Der Gläubiger erhält einen Rückzahlungsanspruch in Nominalhöhe. Dafür geht der Unternehmer als Schuldner und der Kreditgeber als Gläubiger eine schuldrechtliche Verbindung ein.[31]

---

[27] Vgl. Frommann, H./Dahmann, A. (2003) S. 11

[28] Vgl. ebenda

[29] Vgl. Venture Capital Magazin (2003) S.36

[30] Vgl. Gräfer H./ Beike R./ Scheld G., (1998) S. 80-81

[31] Vgl. Mezzanine Capital als Finanzierungsform für den Mittelstand

Charakteristisch für eine Fremdkapitalfinanzierung sind die Befristung der Kapitalüberlassung sowie ein variabler oder fest vereinbarter, von der Ertragslage des Unternehmens unabhängiger Zinszahlungsanspruch des Gläubigers. Dies führt im Gegensatz zur Eigenkapitalfinanzierung zu laufenden Kapitalabflüssen. Diese Kapitalkosten können jedoch als Betriebsausgaben steuerlich geltend gemacht werden.[32] Die steuerliche Begünstigung von Fremdkapital hat neben anderen Gründen zu einer im internationalen Vergleich in Deutschland relativ niedrigen Eigenkapitalquote bei mittelständischen Unternehmen beigetragen.

Eigenkapital räumt dem Investor eine Gesellschafter bzw. Aktionärsstellung ein. Dies beinhaltet Mitsprache- und Kontrollrechte seitens des Investors bei wichtigen Geschäftsentscheidungen. Gerade bei jungen Unternehmen wird dies als positiv erachtet, da die Investoren oder Beteiligungsgesellschaften an einem gesunden und raschen Wachstum des Unternehmens interessiert sind und dem Unternehmen mit ihren Erfahrungen und Kontakten bei schwierigen Managemententscheidungen unterstützend zur Seite stehen.[33]

Ein weiterer Unterschied der Eigenkapitalfinanzierung gegenüber der Fremdfinanzierung z. B. in Form eines Bankkredits besteht darin, dass die Verzinsung des Eigenkapitals nicht in Form laufender Zinszahlungen erfolgt sondern über die Beteiligung am Gewinn des Unternehmens. Der Eigenkapitalgeber erwartet eine angemessene Eigenkapitalrendite, die wegen der übernommenen Unternehmenshaftungsrisiken i. d. R. über den langfristigen Fremdkapitalzinsen liegt.[34] Die erzielte Rendite einer Investition in Eigenkapital setzt sich aus zwei Faktoren zusammen: den jährlichen Gewinnanteilen und dem Veräußerungsgewinn anlässlich der Desinvestition. Die Interessen der Beteiligungskapitalgeber sind deshalb meist längerfristig und nicht auf kurzfristige Gewinnmaximierung ausgerichtet. Je nach Entwicklungsstand des finanzierten Unternehmens kann dieser Zeitraum bis zu sieben Jahren dauern.[35]

Die Funktionen von Eigenkapital versus Fremdkapital können wie folgt systematische gegenübergestellt werden:

---

[32] Vgl. Von Rosen, Prof. Dr. R. (2002) S. 5

[33] Bei Unternehmen welche noch in älteren Generationen geführt werden ist dies oft der Grund sich gegen eine Eigenkapitalfinanzierung zu entscheiden, da die Unternehmer keine Eigentumsrechte abtreten möchten

[34] Zu heutiger Zeit liegen die Erwartungen einer Eigenkapitalrendite marktüblich bei 15 %.

[35] Vgl. Venture Capital Magazin (2003) S. 40

Private Equity / Eigenkapital	Senior Dept / Fremdkapital
Mittel- bis langfristige Bereitstellung von haftendem Eigenkapital oder eigenkapitalähnlichen Mitteln.	Kurz- bis langfristige Bereitstellung von nichthaftendem Fremdkapital.
Bereitstellung der Mittel bis zum Exit/Veräußerung.	Ein Kredit wird nur gegen ausreichende Sicherheiten vergeben. Überziehungen und das Nichteinhalten sonstiger Verpflichtungen führen über Vertragsstrafen zu sofortigen Zahlungen.
Führt zu einer soliden und flexiblen Kapitalbasis für künftiges Wachstum und Entwicklung.	Ein nützliches Finanzierungsinstrument, solange ein ausgeglichenes Verhältnis von Eigen- zu Fremdkapital und ein positiver Cash Flow vorhanden sind.
Positiv für den Cash Flow, da Rückzahlungen, Dividenden und Zinszahlungen an Erfordernisse und Möglichkeiten des Unternehmens angepasst werden.	Erfordert regelmäßig positiven Cash Flow für Tilgungs- und Zinszahlungen, die unabhängig von der Unternehmensentwicklung erfolgen müssen.
Die Returns an den Private Equity-Investor sind abhängig von Wachstum und Erfolg des Unternehmens. Je erfolgreicher das Unternehmen, desto höher die Returns.	Der Return ist davon abhängig, wie das Unternehmen den Zins- und Rückzahlungsdienst bedienen und den Wert der besicherten Anlagegüter sicherstellen kann.
Im Falle einer Insolvenz steht der Private Equity-Investor im Rang hinter den anderen Kreditgebern und manchmal auch hinter den Gesellschaftern; er kann sein Investment verlieren.	Der Kreditgeber hat im Falle einer Insolvenz sofortigen Zugriff auf das besicherte Vermögen.
Gerät das Unternehmen in eine Schieflage, wird der Private Equity-Investor sich einsetzen, um die Entwicklung umzukehren.	Im Falle einer Schieflage kann ein Kreditinstitut das Unternehmen in die Insolvenz führen und den persönlichen Bankrott des Unternehmens herbeiführen, wenn er gebürgt hat.
Der Private Equity-Investor ist ein verlässlicher Partner, der die Risiken und Chancen teilt und mit praktischer Unterstützung und Expertise auf den Unternehmenserfolg hinwirkt.	Sofern Unterstützung gegeben wird, variiert sie stark.

Abbildung 2: Vergleich von Eigen- und Fremdkapital[36]

2.5.3 Spezielle Formen von Eigenkapital

Neben den klassischen Formen von Eigenkapital- und Fremdkapitalfinanzierung gibt es eine Reihe von weiteren Finanzierungsformen, die je nach Ausgestaltung sowohl Eigenkapital- als auch Fremdkapitalcharakter annehmen können. Man spricht dann von „hybriden Finanzierungsformen".[37] Im Folgenden sollen die Wichtigsten kurz dargestellt werden.

---

[36] Vgl. Frommann, H./Dahmann, A. (2003) S. 8
[37] Vgl. Venture Capital Magazin (2003) S. 94

2.5.3.1 Mezzanine Capital

Die Mezzaninfinanzierung besitzt aus rechtlicher Sicht grundsätzlich Fremdkapitalcharakter, obwohl wirtschaftlich bei dieser Finanzierungsform die eigenkapitaltypische Haftungs- und oder Partizipationsfunktion oft im Vordergrund steht.[38] Eigenkapitalcharakter besitzt Mezzanine Capital dann, wenn es sich um nachrangige Gesellschafterdarlehen, stille Beteiligungen oder Genusskapital handelt. Dabei übernimmt der Kapitalgeber ein Mitunternehmerrisiko. Das kapitalsuchende Unternehmen muss dafür i. d. R. keine Sicherheiten gewähren und der Kapitalgeber erhält keine Mitspracherechte.[39]

Von Fremdkapitalcharakter spricht man, wenn es sich um ein Nachrangdarlehen, Wandel- oder Optionsdarlehen handelt. Fremdkapital ähnlich sind bei Mezzanine Capital die laufenden, bei Nachrangigkeit oft sehr teuren Zinszahlungen mit Zinssätzen von 13% bis 17%, die unabhängig vom erzielten Gewinn des Unternehmens gezahlt werden müssen.[40]

Anwendung finden Mezzanine Finanzierungen häufig bei Buy-Out Transaktionen, d. h. bei fremdfinanzierten Übernahmen von Unternehmen durch externe oder interne Manager. Des weiteren ermöglichen Mezzanine Mittel die Schließung von Finanzierungslücken, die entstehen können, wenn die Eigenkapitalreserven erschöpft sind.[41]

2.5.3.2 Asset Backed Securities

Unter ABS versteht man den Verkauf von Forderungen aus Lieferungen und Leistungen, aus Leasing Geschäften oder von Krediten eines Unternehmens an Dritte. Der ABS Käufer refinanziert sich über eine Emission seiner eingekauften, gebündelten Assets am Kapitalmarkt.[42]

Für das Forderungen und Ähnliches verkaufende Unternehmen hat diese Finanzierungsform einen Eigenkapital ändernden Charakter, da der Verkauf der Forderungen die Bilanz verkürzt und somit eine Steigerung der Eigenkapitalquote herbeiführt. Außerdem wird die Liquidität des Unternehmens verbessert.[43]

---

[38] Vgl. Venture Capital Magazin (2003) S. 94
[39] Vgl. FAZ 13.Oktober 2003
[40] Vgl. ebenda
[41] Vgl. IWK Studie (2001) S. 198
[42] Vgl. ebenda S. 206
[43] Vgl. FAZ 13.0ktober 2003

Problematisch ist an dieser Finanzierungsform: die ABS Käufer verlangen in der Regel ein Rating zur Risikoeinschätzung der vom ABS Verkäufer zum Verkauf gestellten, gebündelten Assets. Zum Kauf angebotene Forderungen mit hohem Risikogehalt erhalten ein Vergleichsweise schlechtes Rating. Das erhöht die Refinanzierungskosten des ABS Verkäufers, was letztlich die Finanzierungskonditionen des am ABS interessierten Unternehmens verschlechtert.[44]

---

[44] Vgl. FAZ 13.Oktober 2003

3 Struktur der Risikokapitalmärkte

Die Risikokapitalmärkte in Deutschland und in den USA weisen bis dato in ihren Strukturen und Funktionsweisen grundlegende Unterschiede auf. Diese sind hauptsächlich auf die von einander abweichenden Entwicklungsschritte der jeweiligen Risikokapitalmärkte sowie auf die unterschiedlichen Finanzierungssysteme der beiden Staaten zurückzuführen.

Bevor im weiteren Verlauf die Risikokapitalmarktstrukturen von Deutschland und den USA genauer beschrieben werden, soll zunächst die Funktionsweise des Risikokapitalgeschäfts dargestellt werden.

3.1 Das Risikokapitalgeschäft

Grundsätzlich handelt es sich bei einer Investition in Risikokapital aus Sicht des Investors um eine Geldanlage. Die Anleger können sowohl private als auch institutionelle Investoren sein. Sie investieren ihr Kapital in aussichtsreiche, wachstumsstarke Unternehmen in der Hoffnung, dass sich die Unternehmen positiv entwickeln und sie ihre erworbenen Unternehmensanteile zu einem späteren Zeitpunkt mit Gewinn verkaufen können. Die Investition geschieht vielfach nicht direkt sondern über Finanzintermediäre, den so genannten Kapitalsammelstellen oder Kapitalbeteiligungsfirmen. Diese sammeln das Kapital der Investoren (Fundraising) und investieren es in ausgewählte Unternehmen. Dabei betreuen sie sowohl die Investoren als auch die ausgewählten Unternehmen. Häufig bringen die Beteiligungskapitalfirmen das zu investierende Kapital auch selbst auf, legen mit den erworbenen Unternehmensbeteiligungen einen Fond auf und platzieren ihn am Kapitalmarkt.[45]

Die Risikokapitalinvestitionen können zu verschiedenen Phasen des Lebenszyklus eines Unternehmens getätigt werden. Diese Finanzierungsphasen sollen folgend erläutert werden.

3.1.1 Finanzierungsphasen

Der Lebenszyklus eines jeden Unternehmens lässt sich in mehrere Phasen gliedern. Dabei steht jede Phase für eine Entwicklungsstufe des Unternehmens gekennzeichnet durch unterschiedliche Anforderungen, Unsicherheiten und Risiken der Finanzierung.

---

[45] Vgl. Eigendarstellung nach diversen Interviews bzgl. Private Equity, Internship Citicorp. London (2001)

In der Literatur hat sich die Untergliederung nach den Phasen Seed, Start Up, Expansion und Bridge durchgesetzt. [46] Diese vier Phasen lassen sich wie folgt charakterisieren: [47]

Seed Financing: „Finanzierung der Ausreifung und Umsetzung einer Idee in verwertbare Resultate, bis hin zum Prototyp, auf deren Basis ein Geschäftskonzept für ein zu gründendes Unternehmen erstellt wird."

Start Up: „Gründungsfinanzierung. Das betreffende Unternehmen befindet sich im Aufbau oder ist seit kurzem im Geschäft und hat seine Produkte noch nicht oder nicht im größeren Umfang verkauft."

Expansion Financing: „Wachstums- und Expansionsfinanzierung. Das betreffende Unternehmen hat den break-even-point erreicht oder erwirtschaftet Gewinne. Die Geldmittel werden zur Finanzierung von zusätzlichen Produktkapazitäten, zur Produktdiversifikation oder Marktausweitung und/oder für weiteres „working capital" verwendet."

Bridge Financing: „Überbrückungsfinanzierung. Finanzielle Mittel, die einem Unternehmen zur Vorbereitung des Börsengangs vor allem mit dem Ziel der Verbesserung der Eigenkapitalquote zur Verfügung gestellt werden."

---

[46] Vgl. Mergers and Acquisitions Review , Januar (2004), S. 11
[47] Vgl. KfW Mittelstandsbank, Lexikon Finanzierungsphasen

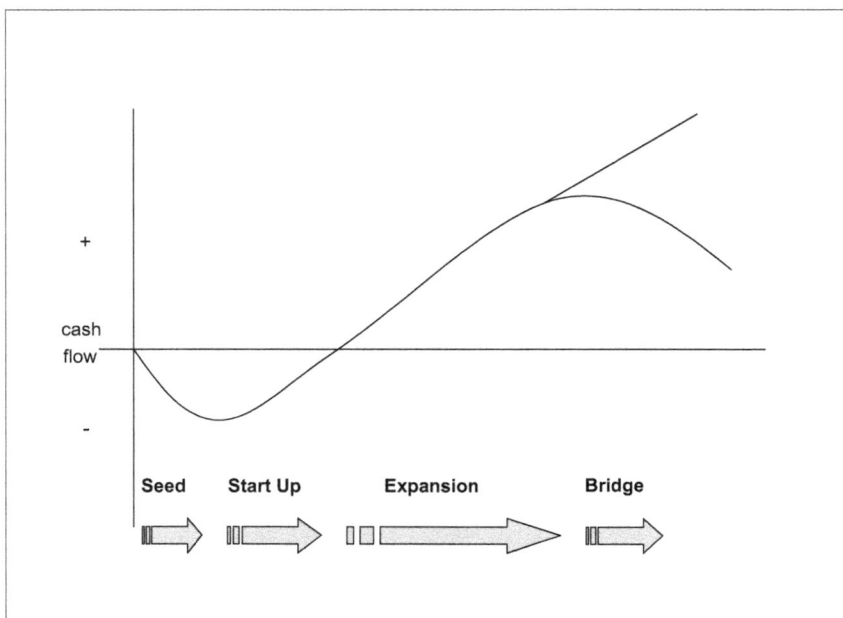

Abbildung 3: Finanzierungsphasen nach dem Lebenszykluskonzept[48]

Jede dieser Finanzierungsphasen wird von den Kapitalbeteiligungsfirmen in ihrer Anlagestrategie berücksichtigt. Investitionen sind deshalb zunächst begrenzt auf eine spezielle Finanzierungsphase. Die Unternehmen müssen mit fortschreitender Entwicklung um weitere Kapitalinvestitionen neu verhandeln. Mit dieser Methode reduzieren die Kapitalbeteiligungsfirmen ihr Risiko und halten die Unternehmen an, ihr Wachstum kontinuierlich voranzutreiben, da Neuinvestitionen an so genannte Milestones, d. h. an Entwicklungsvorgaben, gebunden sind.[49]

3.1.2 Spezielle Finanzierungsphasen

Neben den klassischen Finanzierungsphasen gemäß der oben beschriebenen Gliederungssystematik im Lebenszyklus eines Unternehmens gibt es noch weitere besondere Finanzierungs-

---

[48] Vgl. Mergers and Acquisitions Review , Januar (2004), S. 12
[49] Vgl. ebenda

24

anlässe, die in den Bereich des Risikokapitalgeschäfts fallen. Dazu zählen der Austausch des Kapitalinvestors sowie die finanzielle Begleitung von Strukturanpassungen des Unternehmens oder von Änderungen in der Gesellschafterstruktur: [50]

Replacement Capital:	„Hierbei werden die Anteile eines Unternehmens von einer anderen Beteiligungsgesellschaft oder einem anderen Investor übernommen. Es erfolgt somit keine Netto-Zuführung von Kapital."
Turnaround Finanzierung:	„Mit dieser Finanzierungsform sollen strukturelle Probleme des Unternehmens zur Sicherstellung eines nachhaltigen Wachstums überwunden werden."
Management Buy Out (MBO):	„Bei einem MBO wird das Unternehmen durch vorhandene Manager übernommen."
Management Buy In (MBI):	„Bei einem MBI wird das Unternehmen durch ein externes Management übernommen."
Leverage Buy Out (LBO):	„Bei einem LBO findet eine fremdkapitalfinanzierte, mehrheitliche Übernahme durch Eigenkapitalinvestoren statt."

3.1.3 Exit Möglichkeiten

Wie weiter oben beschrieben, hängt die Rendite einer Investition in Risikokapital wesentlich vom Gewinn ab, der bei der Veräußerung der Beteiligung erzielt wird. Wird eine Beteiligung verkauft, spricht man von einem „Exit" aus dieser Beteiligung. Die Exit Phase wird deshalb häufig als die erfolgskritische Phase bezeichnet.[51] Mit dem Exit wird der Gesamterfolg des Beteiligungsengagements finalisiert.

---

[50] Vgl. Mergers and Acquisitions Review , Januar (2004), S. 12-13
[51] Vgl. ebenda S. 13

Entscheidet sich der Kapitalbeteiligungsinvestor zum Verkauf seiner Beteiligung, stehen ihm folgende Exit Möglichkeiten zur Verfügung:[52]

Trade Sale:	Die Anteile werden an einen anderen industriellen Investor verkauft.
Going Public (IPO):	Die Anteile werden bei oder nach einem Börsengang verkauft.
Buy Back:	Die Altgesellschafter kaufen ihre Anteile zurück.
Secondary Purchase:	Die Anteile erwirbt ein anderer Finanzinvestor.

Die Mehrheit der im Risikokapitalmarktgeschäft eingegangenen Beteiligungen erfüllt die Renditeerwartungen der Investoren nicht, andere übertreffen diese deutlich. Eine Faustformel aus der Praxis des Risikokapitalgeschäftes besagt: „Von zehn Beteiligungen müssen zwei bis drei als Totalverlust abgeschrieben werden. Ebenfalls zwei bis drei entwickeln sich überdurchschnittlich und erwirtschaften eine sehr hohe Rendite. Die Anderen entwickeln sich durchschnittlich und können ohne Verlust veräußert werden."[53]

3.2 Private Equity / Venture Capital in Deutschland

Der deutsche Beteiligungsmarkt zählt trotz seiner vergleichsweise kurzen Geschichte von knapp 40 Jahren zu den größten und bedeutendsten Beteiligungsmärkten in Europa.

Bevor in diesem Abschnitt der deutsche Beteiligungsmarkt vor dem Hintergrund seiner historischen Entwicklung dargestellt wird, soll zunächst auf das deutsche Finanzierungssystem eingegangen werden, in das der Beteiligungsmarkt eingebettet ist. Dies ist insofern von Bedeutung, da das Finanzierungssystem einen starken Einfluss auf die Entwicklung des Beteiligungsmarktes genommen hat.

---

[52] Vgl. ebenda
[53] Vgl. Frommann, H./Dahmann, A. (2003) S. 58

3.2.1 Das deutsche Finanzierungssystem

Im Kontext des Themas dieser Arbeit bedeutsam am deutschen Finanzierungssystem ist, zumindest seit der Nachkriegszeit, die starke Stellung der Banken in der Unternehmensfinanzierung. Dies liegt im breit gefächerten Betätigungsfeld der deutschen Banken, d. h. den Geschäftsbanken, Sparkassen und Genossenschaftsbanken, begründet. Im Gegensatz zu den USA bieten Geschäftsbanken sowohl privaten als auch Firmenkunden neben Einlagengeschäften, Krediten und Investitionsfinanzierungen eine Vielzahl von Dienstleistungen an, darunter auch solche des Wertpapier- und des Emissionsgeschäfts. Man spricht deshalb in Deutschland von einem Universalbankensystem.[54]

Andere Kapitalsammelstellen, wie z. B. Versicherungen und Rentenfonds, hatten der starken Stellung der Banken in der Unternehmensfinanzierung kaum etwas entgegenzusetzen.[55] Zwar existiert in Deutschland auch ein Kapitalmarkt als Finanzierungs- und Anlagemöglichkeit, insbesondere ein entwickelter Markt für Anleihen (Bundesobligationen, Pfandbriefe), jedoch sind diese bei weitem nicht so ausgeprägt wie in den USA. Die Zahl der an deutschen Börsen notierten Unternehmen und Industrieobligationen ist vergleichsweise gering. Im Jahr 1996 gab es in Deutschland 681 börsennotierte Unternehmen, im Vergleich zu 7740 in den USA.[56] Trotz vermehrter Emissionstätigkeit deutscher Unternehmen hat sich der zahlenmäßige Abstand bis heute weiter vergrößert.

Innerhalb der Unternehmensfinanzierung agiert der deutsche Staat lediglich über staatseigene Banken, wie z.B. der Kreditanstalt für Wiederaufbau (KFW), zum anderen tritt er als Regulierer auf, damit der Wettbewerb zwischen den Banken nicht zum Stillstand kommt.[57]

Aufgrund der starken Stellung der Banken in der deutschen Unternehmensfinanzierung sowie der vergleichsweise geringen Bedeutung des Kapitalmarktes wird das deutsche Finanzierungssystem häufig als „bankenbasiertes" Finanzierungssystem bezeichnet.[58]

---

[54] Vgl. Svetlovar R. Nikolov (2000) S. 80
[55] Vgl Gaida, M. (2002) S.196
[56] Vgl. Svetlovar R. Nikolov (2000) S. 97
[57] Vgl. Gaida, M. (2002) S. 214
[58] Vgl. ebenda S. 192

Daraus resultiert, dass die Mittelstandsfinanzierung in Deutschland stark an Banken ausgerichtet ist, d. h. Investitionen in Wachstum und Innovationen überwiegend mit Fremdkapital in Form von Krediten finanziert werden.[59] Durch die enge Bindung insbesondere mittelständischer Unternehmen an eine Hausbank (Relationship Lending) wurde die Kreditfinanzierung zur tragenden Säule der Fremdkapitalaufnahme. Relationship Lending erlaubt dem mittelständischen Unternehmen Kreditsicherheiten flexibel einzusetzen.[60] Die infolge der hohen Wettbewerbsintensität im deutschen Finanzsektor geringen Risikomargen und damit im internationalen Vergleich außerordentlich niedrigen Fremdkapitalkosten begünstigten die Kreditfinanzierung.[61] Deutsche Unternehmen geben trotz ihrer hohen Fremdkapitalquote nur etwas mehr als 1 % ihres Umsatzes für Zinsen aus. Sie liegen damit international im unteren Mittelfeld.[62] Einer KFW-Analyse zufolge wickeln ca. 40 % aller deutschen Unternehmen ihre Geschäfte mit nur einer Bank ab, wodurch die Aufnahme von Fremdkapital zusätzlich mit vergleichsweise geringen Informations- beziehungsweise Transaktionskosten einhergeht.[63]

Diese Besonderheiten des deutschen Finanzierungssystems, die enge Bindung an die Hausbank sowie die Finanzierungsgewohnheiten (z. B. „Herr-im-Haus" Mentalität, worauf im weiteren Verlauf noch eingegangen wird) machten die Fremdkapitalfinanzierung gegenüber der Eigenkapitalfinanzierung zur bevorzugten Finanzierungsalternative.

Über die Jahre führte dieses Finanzierungsverhalten, gerade im Mittelstand, zu einer im internationalen Vergleich sehr geringen Eigenkapitalquote bei vice versa einer hohen Fremdkapitalquote. Die Eigenkapitalquote im deutschen Mittelstand liegt im Durchschnitt bei weniger als 15 % der Bilanzsumme, während sie in den USA bei ca. 45 % und in der Eurozone immerhin noch bei ca. 35 % liegt.[64]

Problematisch ist die niedrige Eigenkapital- und entsprechend hohe Fremdkapitalquote im deutschen Mittelstand hinsichtlich der derzeitigen Veränderungen auf den Kreditmärkten. Diese werden zum einen durch Basel II und die damit anstehende Änderung des Kreditvergabeverhaltens von Banken und zum anderen durch die Konsolidierung in der Bankenlandschaft

---

[59] Vgl. ebenda S. 198
[60] Vgl. Finanz Betrieb (3/2004) S.170
[61] Vgl. Achleitner, A.-K./Fingerle, C. H. (2003) S. 4
[62] Vgl. KFW (2003) S. 3
[63] Vgl. ebenda S. 4
[64] Vgl. Venture Capital Magazin (2003) S. 42

bestimmt. Risikobehaftete Kredite gerade an Unternehmen mit schlechter Bonität, meist korrelierend mit geringer Eigenkapitalquote, müssen von Banken in Zukunft mit höherem Eigenkapital unterlegt werden. Diese höheren Kosten werden an die Unternehmen in Form von höheren Kreditzinsen durchgereicht. Gerade beim klassischen Mittelstand kann dies zu einer gefährlichen Mehrbelastung führen.[65]

3.2.2 Historische Entwicklung der Branche in Deutschland

Die ersten Diskussionen um den Bedarf einer Venture Capital bzw. Private Equity Geschäftstätigkeit in Deutschland kamen Mitte der 60er Jahre auf. Zu diesem Zeitpunkt wurde erstmalig erkannt, dass Institutionen geschaffen werden müssen, um kleine und mittlere Unternehmen mit Eigenkapital zu versorgen, da diesen Unternehmen der Weg an die Börse versperrt war. Hinzu kam, dass sich die Ersparnisbildung der privaten Haushalte in den Jahren von 1950 bis 1964 von 16,7 % auf 38,8 % erhöhte, wobei der Anteil der Unternehmen von 39,5 % auf 20,2 % sank. Es wurden also Mittel und Wege gesucht, die private Ersparnisbildung in nicht emissionsfähige KMU zu lenken.[66]

Kontrovers wurde in Deutschland lange diskutiert, wie man die in der sozialen Marktwirtschaft verankerten Rechte der unternehmerischen Unabhängigkeit gegen die Interessen neuer Gesellschafter und Kapitalgeber sichern kann.

Daraus entwickelte sich die Vorstellung, die Beteiligungen müssten zeitlich begrenzt sein und werden im Normalfall von den Altgesellschaftern zurückgekauft. Um den Interessen der neuen Gesellschafter Rechnung zu tragen, müsse die zu erwartende Kapitalrendite mindestens über dem Zinssatz für andere risikoarme Kapitalmarktpapiere liegen. Die Beteiligungen der Kapitalbeteiligungsgesellschaften (KBGn) sollten in Form von stillen Beteiligungen erfolgen.[67] Diese haben den Vorteil, die Stellung und die Autorität des Altgesellschafters nicht oder kaum zu berühren.

---

[65] Vgl. Achleitner, A.-K./Fingerle, C. H. (2003) S. 5
[66] Vgl. Leopold, G./Frommann, H./Kühr, T. (2003) S. 39
[67] Vgl. ebenda S. 41

Die ersten Gründungen von Venture Capital und Private Equity Gesellschaften in Deutschland erfolgten 1965. Schon damals wurden sie als KBGn geführt.[68] Diese KBGn wurden sowohl von Gruppen um private Investoren als auch von Banken gegründet.

Noch in den 1960er Jahren entstand eine fast zweistellige Anzahl von KBGn. Auch Sparkassen und Banken des Genossenschaftssektors gründeten bis 1970 eigene Beteiligungsgesellschaften.[69] Die Gründe, warum Banken sich in dem Beteiligungsgeschäft engagierten, lagen nicht im unmittelbaren und direkten Erwerbsstreben durch Eingehen von Beteiligungen. Vielmehr stellten KBGn ein Mittel dar, die Eigenkapitalsituation ihrer mittelständischen Kunden zu verbessern, um somit ihre vergebenen Kredite abzusichern.[70]

Durch die Einschaltung von KBGn wird das Risiko einer direkten Beteiligung der Bank an seinen Kreditkunden und die damit verbundene doppelte Abhängigkeit vom Schicksal solcher Unternehmen reduziert. Das Risiko aus der Beteiligung kann in der KBG auf mehrere Schultern verteilt werden. Die beteiligte Bank wird in aller Regel das Risiko aus diesem Engagement mit den Risiken aus der Kreditvergabe an das Beteiligungsunternehmen in einer zentralen Stelle bündeln und überwachen. [71]

Die Kapitalbeteiligung einer Bank als direktes Beteiligungsengagement oder indirektes über eine Beteiligungsgesellschaft verfolgt darüber hinaus das Ziel die Verbindung der Bank zu ihrem Kunden zu festigen und zu intensivieren. Somit stellten die KGBn der Banken unter dem Gesichtspunkt des deutschen Finanzierungssystems den Versuch dar, das eigene Leistungsangebot zu erweitern sowie auf die Konkurrenz innerhalb der Bankengruppen zu reagieren, in dem sie ihre Marktposition im Mittelstand ausweiteten. Wichtig ist in diesem Zusammenhang die Feststellung, dass die damaligen KBGn nicht zur Finanzierung von jungen und technologieorientierten Unternehmen gedacht waren. Sie sollten eine Ergänzung zum Kreditgeschäft mit bereits etablierten, größeren Mittelständlern darstellen.[72]

Es blieb anfangs jedoch nur bei einem Versuch. Viele der Kapitalbeteiligungsgesellschaften der ersten Startphase verschwanden bis Anfang der 1970er Jahre wieder vom Markt; nur we-

---

[68] Vgl. ebenda S. 42
[69] Vgl. Gaida, M. (2002) S. 218
[70] Vgl. ebenda S. 219
[71] Vgl. Gaida, M. (2003) S. 219
[72] Vgl. ebenda S. 220

nige dieser Gesellschaften haben heute noch eine signifikante Bedeutung. Oftmals lagen die Gründe des Scheiterns in fehlenden Branchenerfahrungen und an nicht ausreichender Qualifikation der Initiatoren.[73]

Tabelle 2: Aktivitäten der Kapitalbeteiligungsgesellschaften zur Mitte der 1970er Jahre[74]

Deutsche Kapitalbeteiligungsgesellschaften in 1974	Zahl der Beteiligungen		Volumen (in Mio. DM)	
	absolut	in %	absolut	in %
Privatbankensektor	69	18,8	176,5	42,2
davon Deutsche Beteiligungsgesellschaft mbH	19	5,2	74	17,7
davon Beteiligungsgesellschaft für die Deutsche Wirtschaft	21	5,7	38	9,1
Sparkassensektor	120	32,7	150	35,8
Genossenschaftssektor	5	1,4	1,5	0,4
Mittelständische Beteiligungsgesellschaften	146	39,8	43,6	10,4
Berliner Industriebank AG	27	7,4	47	11,2
Summe	367	100	418,6	100

Vor dem Hintergrund der Erfahrungen mit der ersten Startphase von Venture Capital und Private Equity in Deutschland und der Tatsache, dass sich die Eigenkapitallücke gerade bei KMU weiter vergrößerte, wurde vom Bundeswirtschaftsminister ein Gutachten in Auftrag gegeben, die so genannte Hax-Analyse.[75] Diese sollte prüfen, ob die bestehenden Kapitalbeteiligungsgesellschaften den volkswirtschaftlich wichtigen KMU zur Verbesserung ihrer Eigenkapitalausstattung ausreichend verhelfen. Die Analyse kam zu dem Ergebnis, dass Beteiligungen an KMU nur mit staatlicher Hilfe zustande kommen würden.[76]

3.2.2.1 Das ERP-Beteiligungsprogramm

Auf der Grundlage der Erkenntnisse der Hax-Analyse wurde von staatlicher Seite das *ERP-Beteiligungsprogramm* ins Leben gerufen.[77] Durch das Beteiligungsprogramm sollte sowohl die Refinanzierung verbilligt als auch das Verlustrisiko der Beteiligungsgesellschaften reduziert werden.[78] Private KBGn erhielten die Möglichkeit: „¾ ihrer Beteiligungssumme mit günstigen Krediten zu fünf Prozent zu refinanzieren. Das Ausfallrisiko dieser Beteiligungen

---

[73] Vgl. Leopold, G./Frommann, H./Kühr, T. (2003) S. 46

[74] Vgl. ebenda S. 222

[75] Benannt nach dem Professor Karl Hax, der dieses Gutachten betreute

[76] Vgl. Leopold, G./Frommann, H./Kühr, T. (2003) S. 46-47

[77] „Grundsätze für die Förderung der Beteiligungsfinanzierung bei kleinen und mittleren Unternehmen" des Bundesministers für Wirtschaft vom 4.9.1970

[78] Vgl. Leopold, G./Frommann, H./Kühr, T. (2003) S. 47

sicherte der Bund mit der Unterstützung von Bundesländern, des ERP-Sondervermögens und von Beteiligungsgarantiegemeinschaften auf nur 30 Prozent der Beteiligungshöhe ab."[79]

Ziel des Beteiligungsprogramms war es unter anderem, die KBGn zu motivieren, sich auch an kleineren, innovativen Unternehmen zu beteiligen.[80] Die Großbanken hatten sich bis dato in größerem Umfang nur an schon gut etablierten, wachstumsträchtigen Unternehmen beteiligt. Diese wiesen eine größere Renditechance bei geringerem Risiko auf.

Die Inanspruchnahme des Beteiligungsprogramms war jedoch mit einem größeren Auflagen-katalog verbunden. Dieser beinhaltete z. B. eine Begrenzung des Beteiligungsentgelts, eine maximale Laufzeit der Beteiligung sowie steuerliche Nachteile, da die Form der Beteiligung eine „stille Beteiligung" sein musste, die wiederum der Gewerbesteuer unterlag.[81]

Diese Auflagen veranlassten viele erwerbswirtschaftliche KBGn, keinen Gebrauch von die-sem Programm zu machen. Die erhoffte Stimulation des Beteiligungsgeschäfts blieb vorerst aus.

Im weiteren Verlauf der 1970er wurden einige mittelständische Beteiligungsgesellschaften auf Länderebene gegründet, die im Vergleich zu Großbanken-KBGn geringere Beteiligungen eingingen. Diese machten zunehmend Gebrauch von dem ERP-Beteiligungsprogramm, wel-ches über die Jahre seinen Auflagenkatalog modifizierte. Somit entfaltete das Beteiligungs-programm des Staates doch noch Wirkung.[82]

3.2.2.2 Die deutsche Wagnisfinanzierungs-Gesellschaft (WFG)

Die deutsche *Wagnisfinanzierungs-Gesellschaft mbH* wurde am 9. Juni 1975 gegründet. An der WFG waren neben dem Bund noch 27 Kreditinstitute beteiligt.[83]

Ziel der WFG war: „die Leistungsfähigkeit der deutschen Wirtschaft durch Förderung risiko-behafteter, technischer Innovationen mit Wagniskapital und Managementunterstützung zu erhöhen. Ferner sollte sie in diesem Zuge Neugründungen ermöglichen und leistungsfähige

---

[79] Vgl. Gaida, M. (2003) S. 229
[80] Vgl. ebenda
[81] Vgl. ebenda S. 230
[82] Vgl. Gaida, M. (2002) S. 230-231
[83] Vgl. Leopold, G./Frommann, H./Kühr, T. (2003) S. 57

KMU unterstützen."[84]   Sie sollte somit den Grundstein legen, dass KBGn ihren Geschäftsbereich auch auf Frühphasenfinanzierung ausdehnen und sich somit im eigentlichen Bereich von Venture Capital betätigen. Die WFG versuchte somit „early-stage" Venture Capital in Deutschland zu betreiben.[85]

Die WFG konnte sich auf staatliche Förderung stützen, die auf 15 Jahre beschränkt war; innerhalb dieses Zeitraums verpflichtete sich der Bund, 75 % etwaiger Verluste der WFG bis zu einer Obergrenze von 50 Mio. DM zu übernehmen.[86] Als Auflage durfte sich die WFG nur an Unternehmen beteiligen, die sich in einer besonders risikobehafteten Innovationsphase befanden und von bestehenden KBGn nicht finanziert wurden.[87]

Die WFG hat mit einem sehr begrenzten Engagements wirtschaftlich kaum messbare Stimulierungswirkungen erzielt. Bereits 1984, also nach zehnjähriger Geschäftstätigkeit und fünf Jahre vor Ablauf der geplanten Frist, hat die Gesellschaft ihre aktive Investitionstätigkeit eingestellt.[88]

Gleichwohl sind von der WFG positive Impulse für die weitere Entwicklung der Venture Capital und Private Equity Branche in Deutschland ausgegangen.

In den zehn Jahren der Geschäftstätigkeit wurde eine große Anzahl von Mitarbeitern speziell für den Geschäftsbereich Wagniskapital geschult und ausgebildet. Sie bildeten somit die erste Generation von qualifiziertem Personal auf diesem Gebiet. Eine Vielzahl dieses Personals stellte seine Berufserfahrung auch weiterhin dem Beteiligungsgeschäft bei anderen Gesellschaften zur Verfügung. Ferner nutzten die fast 30 Banken, die im Verlaufe der WFG Gesellschafter waren, die gewonnen Erfahrungen für ihr eigenes Venture Capital und Private Equity Geschäft.[89] Die entscheidende Erfahrung mit der WFG war, dass staatliche Hilfe bei der Innovationsfinanzierung zwar nützlich ist, die Investitionskriterien aber zu eng gesetzt waren um wirtschaftlich tragfähig zu sein.[90]

---

[84] Vgl. Gaida, M. (2003) S. 237
[85] Vgl. Frommann, H./Dahmann, A. (2003) S. 11
[86] Vgl. ebenda
[87] Vgl. Gaida, M. (2003) S. 237
[88] Vgl. Leopold, G./Frommann, H./Kühr, T. (2003) S. 57
[89] Vgl. ebenda
[90] Vgl. Gaida, M. (2003) S. 242

3.2.2.3 Expansion der Branche in den 1980er und 1990er Jahren

Nach den ersten 15 Jahren seit dem Start 1965 wies das Gesamtportfolio des deutschen Beteiligungsmarktes zu Anfang der 1980er einen Beteiligungstand von 500 bis 600 Millionen DM auf, investiert in ca. 700 Unternehmen. Im Jahr 1985 wurde ein Portfoliovolumen von 1,0 Mrd. DM überschritten. In den darauf folgenden Jahren verdreifachte sich das Portfolio und erreichte rund 3,4 Mrd. DM, investiert in mehr als 2000 Unternehmen.[91] Die plötzliche und rasche Expansion des Beteiligungsgeschäfts in Deutschland lässt sich auf folgende Gründe zurückführen:[92]

- Der „Boom" der 1980er Jahre bewirkte gesamtwirtschaftlich gute Voraussetzungen sowie ein vorteilhaftes Investitionsklima.

- Im Monatsbericht der Bundesbank Anfang der 1980er wurde erneut auf die geringe Eigenkapitalausstattung gerade von KMU und der damit verbundenen geringen Widerstandskraft auf wirtschaftliche Schwankungen dieser Unternehmen hingewiesen. Dies bewirkte ein höheres Eigenkapitalbewusstsein und die Bereitschaft zur Aufnahme von neuen Gesellschaftern, um mehr Eigenkapital zu erlangen.

- Der bevorstehende neue europäische Binnenmarkt führte zu einem erhöhten Kapitalbedarf für Investitionen in die Markterschließung.

- Viele Unternehmen sahen sich mit einem Generationswechsel an der Spitze ihres Unternehmens konfrontiert. Dies führte zu finanziellem Aufwand, um die Unternehmensführung neu zu organisieren. Mit den daraus resultierenden MBOs und MBIs erschloss sich ein neues Geschäftsfeld für die Kapitalbeteiligungsbranche.

Dieses neue Potential des deutschen Marktes gab nicht nur den schon bestehenden Kapitalbeteiligungsgesellschaften Auftrieb, sondern bildete auch die Grundlage für Neugründungen. Erstmalig entstanden differenzierte KBGn, die sich auf bestimmte Finanzierungsphasen spezialisierten. Damit entwickelten sich auch KBGn, die sich primär im Bereich des Venture Capital, also in Innovations- und Frühphasenfinanzierung, engagierten.[93]

---

[91] Vgl. Leopold, G./Frommann, H./Kühr, T. (2003) S. 59
[92] Vgl. ebenda
[93] Vgl. Leopold, G./Frommann, H./Kühr, T. (2003) S. 60

Zu diesem Zeitpunkt fanden auch die ersten Beteiligungen ihren „Exit" über die Börse. Es war keine besonders große Anzahl, jedoch zeigte dies, dass KBGn auch als Bindeglied zwischen dem Mittelstand und der Börse fungieren können.[94]

Die Wiedervereinigung hatte keine sehr großen stimulierenden Auswirkungen auf den deutschen Beteiligungsmarkt. Die KBGn realisierten schnell, dass neben haftenden Eigenmitteln, ergänzenden Finanzierungen sowie betriebswirtschaftlicher Beratung auch operatives Management zu liefern war, um der Beteiligung eine Renditechance einzuräumen.[95] Dies machte Beteiligungen in den neuen Bundesländern teuer und unrentabel.

Anfang der 1990er Jahre war erstmals ein Fundraising von rund 1,0 Mrd. DM erreicht worden.[96] Auch in den Folgejahren wurde ein Neugeschäft in dieser Größenordnung erreicht. Die hohen Prozentzuwächse des Gesamtportfolios, die in den letzten Jahren weit im zweistelligen Bereich lagen, verringerten sich. Die expansive Entwicklung des deutschen Beteiligungsmarktes schien vorerst beendet. Dies lässt sich damit begründen, dass sich der Beteiligungsmarkt auf ein Niveau eingependelt hat, an dem erste Beteiligungen vor ihrem Exit standen, daraufhin veräußert wurden und durch neue Beteiligungen im Portfolio ersetzt wurden. Dies führte zu einem geringeren Wachstum im Portfolio, da neue Beteiligungen das Portfolio nicht erweiterten sondern veräußerte Beteiligungen ersetzten.[97]

Ab Mitte der 1990er Jahre erlebte der Markt einen neuen rapiden Anstieg, der mit dem aus den 1980er Jahre kaum zu vergleichen war: „das jährliche Neugeschäft (die Bruttoinvestitionen), jahrelang zwischen 1,0 und 1,4 Mrd. DM (0,5 bis 0,7 Mrd. €), schnellte 1997 auf 2,6 Mrd. DM (1,3 Mrd. €) hoch, wuchs bis 2001 rasch weiter auf 8,6 Mrd. DM (4,4 Mrd. €) und hatte sich damals in fünf Jahren etwa verachtfacht." „Das Portfolio stieg von 6,6 Mrd. DM (3,4 Mrd. €) in 1996 bis 2001 auf 30,9 Mrd. DM (15,8 Mrd. €), das Fondvolumen von 9,9 Mrd. DM (5,1 Mrd. €) in 1996 bis 2001 auf 55,7 Mrd. DM (28,5 Mrd. €)." Wobei sich auch die Anzahl der Unternehmen mit Beteiligungen von Mitte der 1990er bis 2001 von rund 3.000 auf fast 6.000 verdoppelte.[98]

---

[94] Vgl. ebenda S. 67
[95] Vgl. ebenda S. 72
[96] Vgl. ebenda
[97] Vgl. Leopold, G./Frommann, H./Kühr, T. (2003) S. 74
[98] Vgl. ebenda S. 75

Mit diesem „Boom" der späten 1990er Jahre im deutschen Beteiligungsmarkt veränderten sich auch die Beteiligungsziele der KBGn. Zu dieser Zeit wurden vermehrt early-stage Investments betrieben, also eine Verlagerung des Investitionsschwerpunktes von later-stage Investments hin zur Innovationsfinanzierung.[99] Dies wiederum führte zu einer ganzen Welle von Neugründungen von jungen Technologieunternehmen, die ihrerseits wieder die Eigenkapitalnachfrage in dieser Branche steigerten.

Zu den wesentlichen Veränderungen in dieser Zeit zählen auch die Entwicklungen im Finanzierungsbereich. Die bis dato wesentlichen Kapitalquellen für den deutschen Beteiligungsmarkt, die privaten Bankinstitute, verlagerten ihre Investitionsinteressen weg vom klassischen Kreditkundengeschäft hin zu Geschäften an den internationalen Kapitalmärkten. Sie folgten somit zunehmend der Strategie des „Investmentbanking".[100]

Zwei weitere Entwicklungen ließen vermehrt Kapital in das Risikobeteiligungsgeschäft fließen: Versicherungsgesellschaften und erstmals auch ausländische Pensionsfonds interessierten sich für Beteiligungsengagements in Deutschland. Die Einführung des „Neuen Marktes" bot verbesserte Exit-Chancen.[101]

Damit war der deutsche Beteiligungsmarkt kein Randprodukt mehr sondern hatte sich fest im Finanzierungssystem etabliert.

3.2.2.4 Die Konsolidierungsphase

Der rasante Aufschwung des Neuen Marktes hat jungen Technologieunternehmen völlig neue Möglichkeiten der Eigenkapitalbeschaffung eröffnet. Viele dieser jungen Hoffnungsträger konnten ihre Geschäftsprognosen nicht nachhaltig erfüllen. Über die Jahre führten solche Gründe zu ständigen Korrekturen der einzelnen Titel und schließlich zum Zusammenbruch des gesamten Börsensegments Neuer Markt.

Der Zusammenbruch des Neuen Marktes leitete eine Konsolidierungsphase in der deutschen Beteiligungsbranche ein. Viele Beteiligungen mussten wertberichtigt, andere als „Totalverlus-

---

[99] Vgl. ebenda
[100] Vgl. ebenda S.76
[101] Vgl. Gaida, M. (2003) S. 256-257

te" abgeschrieben werden. [102] Das Mittelaufkommen am Beteiligungsmarkt ist branchenty-
pisch wegen des Akquisitionsvorlaufs etwa ein Jahr zeit versetzt deutlich zurückgegangen.

Die eingetretene Konsolidierungsphase hatte für das Kapitalbeteiligungsgeschäft folgende
Konsequenzen:[103]

- Neue Beteiligungsprojekte wurden wieder vorsichtiger bewertet.

- Es wurde sich vermehrt von jungen Technologieunternehmen und den bekannten
  „Dot.Com" Geschäften abgewandt.

- Der Veräußerungskanal Börse war mit dem Zusammenbruch des Neuen Marktes wieder nur noch erschwert zu erreichen.

- Neben Neuinvestitionen wurden Folgeinvestitionen und Bestandspflege in den Mittelpunkt des operativen Beteiligungsgeschäfts gestellt.

Somit hat sich das Beteiligungsgeschäft wieder von der Frühphasenfinanzierung abgewendet.
Die Frühphasenfinanzierung wird überwiegend nur noch von staatlichen Förderprogrammen
unterstützt.

Generell lässt sich sagen, es hat damit für die Zielunternehmen eine „selektive Phase" und für
die Seite der Beteiligungsgesellschaften eine „bereinigende Phase" eingesetzt. Viele KBGn
werden in diesem Zuge durch Insolvenzen, Fusionen, Aufkäufe oder strategische Allianzen
vom Markt verschwinden, andere werden gestärkt daraus hervorgehen.[104]

3.2.3 Marktwiderstände in Deutschland

In der historischen Entwicklung von Venture Capital und Private Equity in Deutschland gab
es strukturelle und grundlegende Hemmnisse und Marktwiderstände, die eine rasche Entwicklung dieser Branche erschwerten oder ausbremsten. Auf einige schwerwiegende Marktwiderstände in Deutschland soll im folgenden eingegangen werden.

---

[102] Vgl. Leopold, G./Frommann, H./Kühr, T. (2003) S. 79
[103] Vgl. ebenda
[104] Vgl. Leopold, G./Frommann, H./Kühr, T. (2003) S. 80

3.2.3.1 Die Unternehmermentalität

In den Anfangsjahren der Beteiligungsbranche sahen sich KBGn häufig mit einer beteiligungsaversen Unternehmermentalität konfrontiert. Insbesondere in Eigentümer geführten Unternehmen besteht eine große Zurückhaltung, die Eigenkapitalbasis durch die Aufnahme familienfremder Gesellschafter zu stärken, wenn dadurch die uneingeschränkte Entscheidungsmacht im Unternehmen tangiert wird. Externe Eigenkapitalfinanzierungen werden von einer großen Zahl Mittelständler mit dem „Ausverkauf" des Unternehmens gleichgesetzt und sind mit dem in Deutschland verbreiteten „Herr-im-Hause" Standpunkt nicht vereinbar.[105]

Angesichts der vermehrt kritischen Lage der Eigenkapitalausstattung öffnen sich mittelständische Unternehmen zwar zögernd aber doch erkennbar der Notwendigkeit neue Wege der Eigenkapitalfinanzierung anzunehmen. Einer aktuellen Studie zufolge erklären sich etwa zehn Prozent der befragten mittelständischen Unternehmen bereit, Private Equity als Möglichkeit der Stärkung der Eigenkapitalbasis in Betracht zu ziehen.[106]

3.2.3.2 Die Rolle der „klassischen" Hausbank

Deutsche mittelständische Unternehmen pflegen eine sehr enge Beziehung zu nur einer oder aber wenigen Banken. Diese typische, klassische so genannte „Hausbankkultur" ist in der meist langfristigen Kreditbeziehung zwischen Unternehmen und Bank begründet. Ein externer nicht mit der Bank verbundener Kapitalgeber wurde deshalb oft als unliebsamer Wettbewerber befunden. Hausbankenbeziehungen oder auch Relationship Banking haben für die Unternehmen den Vorteil, dass über das Vertrauensverhältnis und die langfristige Beziehung flexiblere Vereinbarungen durch implizite Vertragselemente möglich werden, sowie Transaktionskosten beim Erwerb diverser Finanzdienstleistungen gesenkt werden können.[107] Der durch die exklusive Stellung entstehende relative Informationsvorteil der Hausbanken, führt jedoch zu einer Informationsasymmetrie gegenüber anderen Finanzierungsquellen. Insbesondere der kleine Mittelstand verfügt bis dato nur über unzureichende Mittel der Informationsaufbereitung.[108]

---

[105] Vgl. FAZ, 25 März 2004 S.11
[106] Vgl. Studie, Der Deutsche Mittelstand – Auffassungen und Erwartungen S. 11
[107] Vgl. Finanz Betrieb (3/2004) S. 170
[108] Vgl. IWK Studie (2001) S. 188

Ferner führt die enge Beziehung zwischen Unternehmer und Bank zu einer Abhängigkeit des kreditnachfragenden Unternehmens von seiner Hausbank. Dies führt, wie die Bundesbank ermittelte, infolge des geringeren Wettbewerbsdrucks zu höheren Kreditkonditionen. Deutsche Unternehmen zahlen deshalb im Durchschnitt höhere Zinsen als ihre Konkurrenten im Euroraum.[109]

Verschiedene Faktoren, wie z. B. der Konsolidierungstrend sowie die neuen Ratinganforderungen vor dem Hintergrund von Basel II, werden zu einer gewissen Erosion von Hausbankenbeziehungen führen.[110] Mittelständische Unternehmen werden vermehrt auf zusätzliche Finanzierungsquellen zurückgreifen müssen.

3.2.3.3 Mangel an Exit-Möglichkeiten

Ein weiterer wesentlicher Marktwiderstand für die Entwicklung des Beteiligungsgeschäfts in Deutschland stellt der Mangel an Exit Möglichkeiten dar.

Zu Beginn der Venture Capital und Private Equity Branche in Deutschland stand als Veräußerungskanal lediglich der Verkauf an die Altgesellschafter offen.[111] Mit der zunehmenden Entwicklung des Beteiligungsgeschäftes haben sich weitere Veräußerungskanäle wie Trade Sale und Secondary Purchase etabliert.

Der Neue Markt als eine deutsche Variante der Wachstums- und Technologiebörse „NASDAQ" (National Association Securities Dealers Automated Quoatation) hat vorübergehend Exits über die Börse ermöglicht.[112]

Mit Ausweitung des Geschäfts wurde der Mangel an Exit Möglichkeiten zunehmend als Behinderung empfunden. Private Equity Unternehmen, insbesondere ausländische Investoren werden von den begrenzten Veräußerungsmöglichkeiten abgeschreckt.[113]

---

[109] Vgl. FAZ, 17. Februar 2004
[110] Vgl. Finanz Betrieb (3/2004) S. 178
[111] Vgl. Leopold, G./Frommann, H./Kühr, T. (2003) S. 100
[112] Vgl. Leopold, G./Frommann, H./Kühr, T. (2003) S. 101
[113] Vgl. ebenda

Tabelle 3: Wege der Beteiligungsabgabe nach Volumen 2000-2003[114]

IPOs	116,3	7,3	0,0	8,6
Desinvestment nach IPC	40,4	138,5	122,3	56,3
Abschreibungen	232,1	673,8	947,2	330,2
Sonstige	380,3	656,4	416,8	279,3
Gesamtvolumen	**1261,1**	**1855,1**	**2131,9**	**820,5**

Die obige Tabelle belegt, dass der Trade Sale, also ein Verkauf der Beteiligungen an indus-
trielle Investoren, der in Deutschland häufigste Weg der Veräußerung einer Beteiligung darstellt und der Veräußerungskanal IPO seit dem Zusammenbruch des Neuen Marktes signifi-
kant an Bedeutung verloren hat.

Aktuell geplante Börsengänge zeigen jedoch, dass die Börse, zumindest für Substanztitel,
einen möglichen Veräußerungskanal für Beteiligungen darstellt.[115]

3.2.4 Die Investoren des Beteiligungsgeschäfts

Kreditinstitute haben in der Entwicklung des deutschen Beteiligungsmarktes immer eine sehr
große Rolle gespielt; so auch im Bereich Fundraising: Banken stellten in den 1990er Jahren
und auch davor 50 % bis 60 % des Beteiligungsfonds der im Bundesverband Deutscher Kapitalbeteiligungsgesellschaften (BVK) erfassten Gesellschaften bereit.[116] [117]

Deutsche KBGn waren kaum mit Engpässen oder Schwankungen im Fundraising konfrontiert, da sie sich nicht wie die US-amerikanischen KBGn über die Emissionsmärkte mit Kapital versorgten.[118] Deutsche KBGn verfolgten das Prinzip des Open end-fund, sie verstanden
sich als Dauereinrichtung und haben bei Bedarf Einschüsse ihrer Gesellschafter gefordert.[119]

Zur Jahrtausendwende zogen sich die Kreditinstitute leicht zurück. An ihre Stelle traten ausländische Pensionsfonds, die vermehrt ihr Vermögen in Deutschland investierten. Ihr Anteil
an den New Funds raised machte 2001 28 % aus, der der Kreditinstitute 18 %. Weiter Inves-

---

[114] Vgl. BVK Statistik (2003) S. 33
[115] Vgl. Handelsblatt, 01 April 2004
[116] Der BVK ist die umfassende Organisation der deutschen und in Deutschland tätigen Repräsentanten ausländi-
scher Kapitalbeteiligungsgesellschaften. Im BVK sind 201 ordentliche und 61 assoziierte Mitglieder organisiert
[117] Vgl. Gaida, M. (2003) S. 267
[118] Vgl. Gaida, M. (2003) S. 267

torengruppen: Versicherungen 16,9 %, private Anleger 11,6 %, Fonds in Fonds oder Dach-
fonds 10,6%, Industrie 9,1 % , Staat 5,7 %, Sonstige 0,4 %.[120]

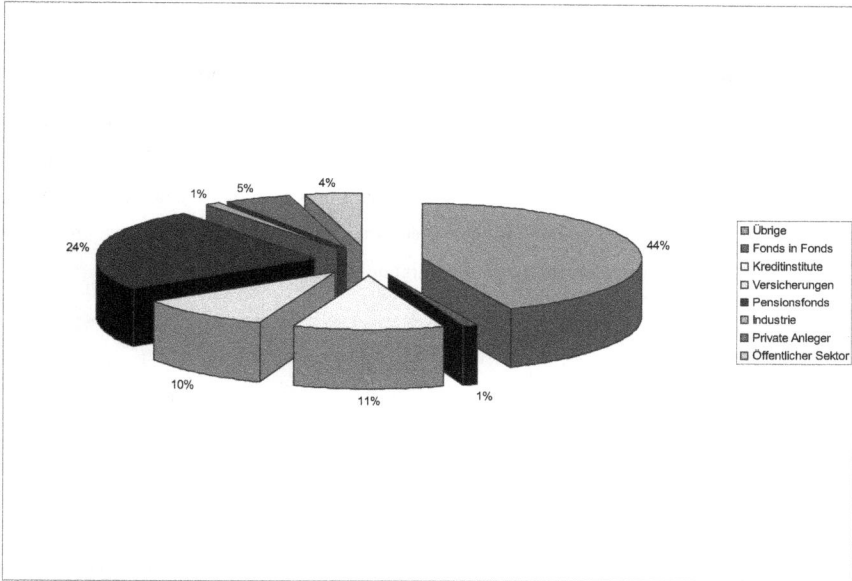

Abbildung 4: New Funds raised nach Kapitalgebern 2003[121]

Die Kapitalgeberstruktur in 2003 zeigt deutlich, dass sich die internationalen Pensionsfonds
als Investoren im deutschen Beteiligungsmarkt etabliert haben. Entsprechende deutsche Institutionen dürfen bis heute laut Gesetzgebung ihr gebundenes Vermögen nur im Rahmen der
Deckungsstockvorschriften in den Beteiligungsmarkt investieren.[122] Betrachtet man neben der
Kapitalherkunft das gesamte Volumen der New Funds raised, welches 2003 ein Volumen von
6,4 Mrd. € im Vergleich zu 3,7 Mrd. € in Vorjahr erreichte, wird deutlich, dass seitens des
Kapitalangebots in Deutschland kein Engpass vorliegt.[123] Ein Engpass ist bei der Kapitalver-

---

[119] Vgl. Leopold, G./Frommann, H./Kühr, T. (2003) S. 163
[120] Vgl. ebenda S. 164-165
[121] Vgl. BVK Statistik (2003) S. 3
[122] Vgl. Versicherungsaufsichtsgesetz VAZ, S. 43
[123] Vgl. BVK Statistik (2003) S. 3

wendung festzustellen. Große Teile des eingeworbenen Kapitals sind bis heute noch nicht in Beteiligungen investiert, da es in Deutschland an Unternehmen mangelt, die sich externem Eigenkapital öffnen und als Beteiligungsziel in Frage kommen.

3.2.5 Der Deutsche Private Equity / Venture Capital Markt in Zahlen

In diesem Abschnitt soll die Entwicklung des Deutschen Kapitalmarktes der letzten Jahre nochmals anhand von Zahlenbeispielen verdeutlicht werden. Die unten aufgeführten Daten stammen aus der Statistik des Bundesverbandes Deutscher Kapitalbeteiligungsgesellschaften, der die Kapitalbewegungen seiner Mitglieder erfasst und aufbereitet. Die Daten sind somit repräsentativ für den gesamten deutschen Beteiligungsmarkt.

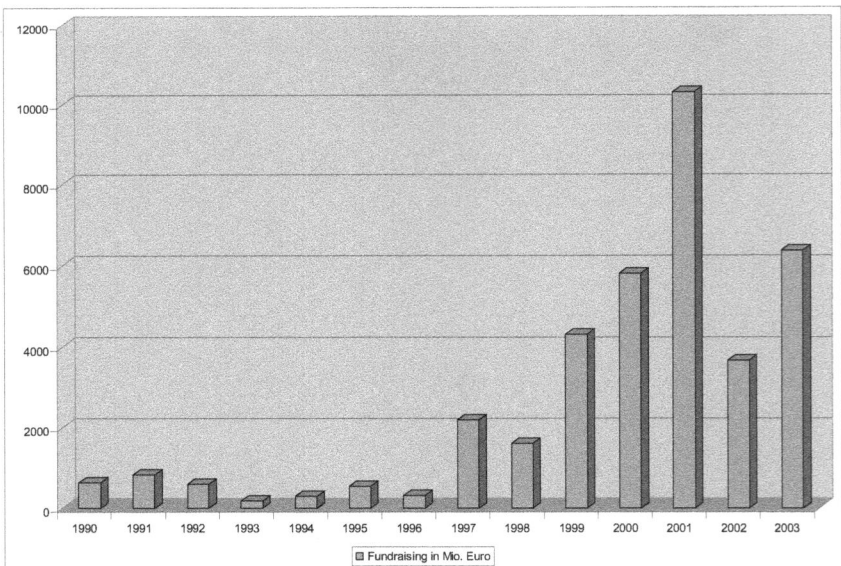

Abbildung 5: Langfristige Entwicklung des Fundraising[124]

Die Abbildung der Entwicklung des Fundraising der letzten Jahre verdeutlicht das rapide Wachstum des deutschen Beteiligungsmarktes ab 1997. Von 1997 stieg das Volumen der

---

[124] Vgl. BVK Statistik (2003) S. 24

New Funds raised kräftig auf ein Rekordhoch von 10,3 Mrd. € in 2001.[125] Würde man den Verlauf über die Jahre glätten, würde dies ein fast kontinuierliches Wachstum der Branche, bezogen auf Fundraising seit 1997, zeigen. Deutlicher wird das anhaltende Wachstum der Branche, wenn man die Entwicklungen des gesamten Fondsvolumens der letzten Jahre mit in die Betrachtung einbezieht.

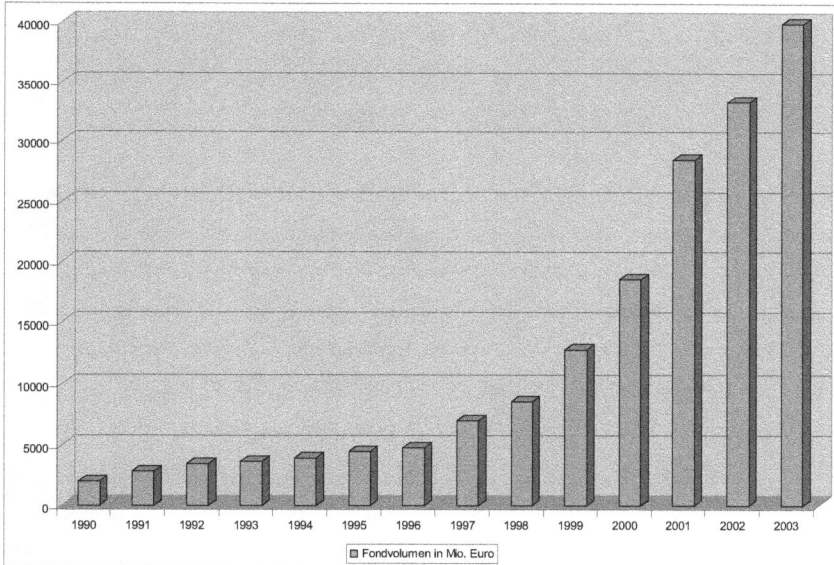

Abbildung 6: Langfristige Entwicklung des Fondsvolumens[126]

Das für Investitionen zur Verfügung stehende Fondsvolumen, stieg kontinuierlich in den letzten Jahren, obwohl sich der Markt seit 2001 in einer Konsolidierungsphase befindet. Diese Konsolidierungsphase scheint somit keine Auswirkungen auf das Fondsvolumen des deutschen Marktes zu haben.

Die Konsequenzen aus der Konsolidierungsphase zeigen sich deutlicher, wenn man sich die langfristige Entwicklung der Investitionen nach Branchen vor Augen führt. Diese zeigt, dass sich der Investitionsschwerpunkt während der Konsolidierungsphase verschoben hat.

---

[125] Vgl. ebenda
[126] Vgl. BVK Statistik (2003) S. 24

Tabelle 4: Langfristige Entwicklung der Bruttoinvestitionen nach Branchen[127]

Branchen	1998 Vol. in Mio Euro	%	1999 Vol. in Mio Euro	%	2000 Vol. in Mio Euro	%	2001 Vol. in Mio Euro	%	2002 Vol. in Mio Euro	%	2003 Vol. in Mio Euro	%
Chemie/Werkstoffe	73,1	4,3	49,6	1,8	59,8	1,3	679,8	15,3	427,1	17,0	161,0	6,7
Masch.-/Anl.bau	184,5	10,9	277,1	9,8	283,3	6,4	500,8	11,3	431,2	17,2	181,1	7,5
Computer	249,0	14,6	548.2	19,5	1158,0	26,0	725,6	16,4	282,5	11,3	139,4	5,8
Komm.technologie	79,3	4,7	327,2	11,6	518,4	11,6	364,5	8,2	162,0	6,5	277,1	11,5
Biotechnologie	136,0	8,0	214,7	7,6	493,6	11,1	497,5	11,2	215,7	8,6	106,2	4,4
Medizin	73,6	4,3	120,2	4,3	222,7	7,0	239,0	5,4	145,5	5,9	90,6	3,7
Handel	59,3	3,5	137,0	4,9	158,1	3,5	148,1	3,3	34,4	1,4	100,5	4,2
Transportwesen	72,1	4,2	14,8	0,5	11,8	0,3	27,9	0,5	5,0	0,2	139,7	5,8
Sonst.Dienstleist.	103,8	6,1	97,1	3,5	316,2	2,6	116,2	2,6	76,9	3,1	732,7	30,3
Übrige	658,4	38,7	845,7	30,0	1220,3	30,0	1135,8	27,5	725,9	28,8	487,1	20,1
Summe	1689,1	99,3	2632,6	93,5	4442,2	99,8	4435,2	100,0	2506,2	100,0	2415,5	100,0
Ohne Angaben	11,2	0,7	183,6	6,5	8,2	0,2	0,0	0,0	0,0	0,0	0,0	0,0
Gesamtsumme	1700,6	100,0	2816,2	100,0	4450,8	100,0	4435,2	100,0	2506,2	100,0	2415,5	100,0

Während im „Boom" und in den Zeiten des Neuen Marktes um 2000 und 2001 noch schwerpunktmäßig in Computer und Kommunikationstechnologie investiert wurde, zeigen die Zahlen von 2002 und 2003 eine deutliche Verringerung der Neuinvestitionen in diesem Bereich. Dabei ist jedoch zu berücksichtigen, dass sich das Gesamtvolumen der Neuinvestitionen 2002 und 2003 stark verringert hat. Es zeigt sich ein grundlegender Trend der Investitionsverlagerung von der Informationstechnologie hin zu traditionellen Industriesektoren.

Tabelle 5: Langfristige Entwicklung der Bruttoinvestitionen nach Finanzierungsphasen[128]

Finanz.-phasen	1998 Vol. in Mio Euro	%	1999 Vol. in Mio Euro	%	2000 Vol. in Mio Euro	%	2001 Vol. in Mio Euro	%	2002 Vol. in Mio Euro	%	2003 Vol. in Mio Euro	%
Seed	120,7	7,1	187,1	6,6	388,1	8,7	172,1	3,9	76,8	3,1	27,0	1,1
Start-up	303,2	17,8	732,7	26,0	1212,8	27,3	982,2	22,1	484,0	19,3	265,5	11,0
Expansion	514,9	30,3	996,0	35,4	1562,0	35,1	1376,2	31,0	704,5	28,1	373,8	15,5
Replacement	72,6	4,3	89,5	3,2	101,7	2,3	73,7	1,7	18,1	0,7	4,3	0,2
Turnaround	44,0	2,6	11,2	0,4	41,9	0,9	75,6	1,7	43,0	1,7	25,7	1,1
Bridge	205,0	12,0	386,5	13,7	414,7	9,3	102,6	2,3	35,1	1,4	11,7	0,5
MBO	322,6	19,0	276,6	9,8	257,2	5,8	607,1	13,7	562,0	22,4	483,2	20,0
MBI	n e.	0,0	13,8	0,5	80,8	1,8	78,8	1,8	29,6	1,2	4,3	0,2
LBO	99,2	5,8	106,7	3,8	391,6	8,8	966,1	21,8	552,7	22,1	1220,1	50,5
Summe	1682,2	98,9	2800,2	99,4	4450,8	100,0	4434,9	100,0	2506,2	100,0	2415,4	100,0
Ohne Angaben	18,4	1,1	25,9	0,6	0,0	0,0	0,0	0,0	0,0	0,0	0,0	0,0
Gesamtsumme	1700,6	100,0	2816,0	100,0	4450,8	100,0	4434,9	100,0	2506,2	100,0	2415,4	100,0

Die Entwicklung der Investitionen nach Finanzierungsphasen zeigt eine Verschiebung des Investitionsschwerpunktes vom „Early stage" in den „Later stage" Investments. Der Anteil der Early stage Finanzierungen (Seed und Start-up) sank seit 2000 kontinuierlich, wohingegen

---

[127] Vgl. BVK Statistik (2003) S. 29
[128] Vgl. ebenda S. 27

der Marktanteil von Buy outs (LBO, MBO) stark gestiegen ist. Buy out Transaktionen dominieren derzeit den deutschen Beteiligungsmarkt.

Die Verschiebungen der Investitionsschwerpunkte nach dem Zusammenbruch des Neuen Marktes und in der Konsolidierungsphase geben Raum für die Vermutung, dass starke Emissions- und Kapitalmärkte Ursache und Voraussetzung für Innovationsfinanzierung sind.

3.2.6 Fazit Deutschland

Nachdem die Struktur und die Entwicklung des Risikokapitalmarktes in Deutschland explizit dargestellt wurden, sollen die im Kontext dieser Untersuchung wichtigsten Entwicklungen, gerade der letzten Jahre, in Thesenform herausgearbeitet werden. Dabei bietet es sich an, nach *strukturinduzierten, angebotsinduzierten* und *nachfrageinduzierten* Entwicklungen zu differenzieren. Unter strukturinduzierte Entwicklungen fallen alle Entwicklungen betreffend die Rahmenbedingungen und des Marktes, in den das Risikogeschäft eingebettet ist. Zu den angebotsinduzierten Entwicklungen sind jene zu zählen, die durch ein erweitertes Angebot von Risikokapital in jeglicher Form stimuliert wurden. Unter nachfrageinduzierten Entwicklungen sind Entwicklungen zu verstehen, die mit Veränderungen der Nachfrage nach Risikokapital seitens der Unternehmerschaft in Zusammenhang stehen. Eine solche Kategorisierung ist sinnvoll, da sie im weiteren Verlauf einen Vergleich der Entwicklungen in Deutschland und in den USA zulässt und somit die Grundlage für die zu untersuchende Konvergenz der beiden Risikokapitalmarktstrukturen bildet.

3.2.6.1 Strukturinduzierte Entwicklungen

In den letzten Jahren konnte zunehmend eine Veränderung der Risikopolitik der Banken in Deutschland beobachtet werden. Zu vergebende Kredite werden zur Vermeidung von Kreditausfällen genauer geprüft und müssen, insbesondere vor dem Hintergrund der in 2006 in Kraft tretenden neuen Basler Eigenkapitalverordnung, seitens der Banken risikoadäquat mit Eigenkapital unterlegt werden. In diesem Zuge reduzierten die Banken ihr Kreditgeschäft und wandten sich vermehrt dem internationalen Investmentgeschäft zu.

Kapitalsuchende Unternehmen werden sich in Zukunft vermehrt Ratingprozessen unterziehen müssen. Damit wächst das Verständnis, insbesondere mittelständischer Unternehmen, für eine notwendige Stärkung der Eigenkapitalfinanzierung. Generell konnte ein steigendes Kapitalmarktbewusstsein deutscher Unternehmen beobachtet werden.

Im Zuge der Vorbereitung deutscher Unternehmen auf zukünftige Ratingprozesse wurden teilweise neue corporate governance Strukturen und Controllingsysteme für eine bessere Informationserzeugung eingeführt. Dies führte zu einem stückweisen Abbau der Informationsasymmetrien zwischen kapitalsuchenden Unternehmen und Investoren. Die ab 2005 gültigen neuen Rechnungslegungsvorschriften nach internationalem Standard werden zu mehr Transparenz führen und die Informationsasymmetrie weiter verringern.[129]

Die deutschen Börsen stellen weiterhin einen aufnahmefähigen Veräußerungskanal dar. Trotz des Zusammenbruchs des Neuen Marktes haben die kurzen Jahre des deutschen Börsen Booms ein neues Kapitalmarktverständnis nachhaltig geprägt. Staatliche Initiativen, wie z. B. das 4. Finanzmarktfördergesetz, sollen der internationalen Stellung des Finanzplatzes Deutschland dienen und das Vertrauen der Anleger stärken.[130] Institutionellen sowie privaten Portfolios werden neben Rentenanteilen vermehrt auch Aktien und Beteiligungswerte beigemischt.

Staatliche Förderprogramme wurden in den letzten Jahren effizienter. Es wurden staatliche Programme und Fonds gegründet, die gezielt die Eigenkapitalfinanzierung von KMU und einzelnen Unternehmensgruppen fördern.[131]

3.2.6.2 Angebotsinduzierte Entwicklungen

Auch unter angebotsinduzierten Entwicklungen sind die staatlichen Förderprogramme zu nennen. Sie stimulierten den Markt für Risikokapital insofern, dass sie die Angebotspalette von Risikokapitalprodukten durch die Möglichkeit der staatlichen Refinanzierung erweiterten und längerfristig sicherten.[132]

Ein in den letzten Jahren stark anziehender internationaler Wettbewerb veranlasste die Banken, ihr Geschäftsfeld zu erweitern. Eigenkapitalähnliche Produkte wie Mezzanine und Asset backed securities werden vermehrt angeboten.[133]

---

[129] Vgl. Von Rosen, Prof. Dr. R. (2001) S. 13
[130] Vgl. MDR.de, Das 4. Finanzmarktfördergesetz
[131] Vgl. Handelsblatt, 17. Februar 2004 S.21
[132] Vgl. Handelsblatt, 05. März 2004 S. 27
[133] Vgl. Finanz Betrieb (1/2003) S. 8

Deutsche Banken konnten ihre Erfahrungen und Know how im Investmentbanking weiter ausbauen. Eine über die Jahre steigende Anzahl von „Professionals" im Beteiligungsgeschäft belebte zudem die Branche.

Neue institutionelle Anleger und Investoren, darunter insbesondere ausländische Pensionsfonds, vergrößerten die Kapitalkraft der deutschen Risikokapitalbranche. Ein steigender Wettbewerb um alternative Beteiligungsengagements ließ die Mindestrenditen für Beteiligungskapital sinken.

3.2.6.3 Nachfrageinduzierte Entwicklungen

Ein über die Jahre verstärkter internationaler Wettbewerb unter den Unternehmen, gerade durch die fortschreitende Globalisierung und die Erweiterungen der Europäischen Union, fordert von den Unternehmen effiziente Kostenreduzierungen sowie ein sich fortlaufend veränderndes Produktangebot. Dies führt zu einem verkürzten Lebenszyklus der Produkte, bei einem schnelleren Investitionszyklus für Neuentwicklungen. Es besteht somit ein hoher Kapitalbedarf seitens der Unternehmen.

Im Zuge der Konsolidierungsphase, die weite Teile der Wirtschaft betrifft, trennen sich immer mehr Unternehmen von Beteiligungen und Tochterfirmen und konzentrieren sich vermehrt auf ihr Kerngeschäft. Durch die Trennung von Konzernrandaktivitäten kommt es zu einer zunehmenden Zahl von Spin-off Transaktionen.[134] Der Abbau der Deutschland AG sowie die Implementierung des angelsächsischen *Shareholder Value* Modells in die deutsche Geschäftsführungspolitik führten zu Portfoliobereinigungen vieler Konglomerate und somit zu einer wachsenden Nachfrage nach Private Equity im Bereich Buy-outs.[135]

Viele mittelständische Unternehmen sehen sich in den nächsten Jahren mit dem Problem des Generationswechsels konfrontiert. Eine Unternehmensnachfolge durch einen Management-Buy-Out stellt eine klare Alternative dar, den Fortbestand des Unternehmens zu sichern.[136]

Die neuen bankenaufsichtsrechtlichen Anforderungen werden viele deutsche Unternehmen veranlassen, ihre Finanzierungen zukünftig auf eine breitere Basis zu stellen. Sie werden in

---

[134] Vgl. BVK Jahrbuch (2003) S. 64
[135] Vgl. Finanz Betrieb (1/2003) S. 305
[136] Vgl. Finanz Betrieb (9/2003) S. 538

Zukunft vermehr auf alternative, ihre Eigenkapitalausstattung stärkende Finanzierungsquellen zurückgreifen. [137]

Aufgrund der erhöhten Bonitätsansprüche von Fremdkapitalgebern und Investoren insbesondere in einem unsicheren und schwierigen Wirtschaftsumfeld sind viele Unternehmen gehalten, die Risikotragfähigkeit ihres Unternehmens durch Erhöhung ihrer Eigenkapitalausstattung zu verbessern.

3.3 Private Equity / Venture Capital in den USA

Der Kapitalbeteiligungsmarkt der USA ist in Entwicklung und Dimension anderen Märkten weit voraus und wird insbesondere in Deutschland oft als Vorbild angesehen. Dabei gelten die USA nach wie vor als die Geburtsstätte der Kapitalbeteiligungsbranche weltweit.

Im Sinne der Vergleichbarkeit der Risikokapitalmarktstrukturen von Deutschland und den USA und, um dem Konzept der Darstellung des deutschen Beteiligungsmarktes zu folgen, soll auch hier zunächst auf das US-amerikanische Finanzierungssystem eingegangen werden, bevor der US-amerikanische Beteiligungsmarkt mit seiner historischen Entwicklung und seinen Strukturen dargestellt wird.

3.3.1 Das US-amerikanische Finanzierungssystem

Das Finanzierungssystem der USA ist geprägt durch das so genannte Trennbankensystem und durch eine starke Stellung des Kapitalmarktes. Die Unternehmensfinanzierung basiert zum großen Teil auf der Emission von Aktien und Schuldverschreibungen, wobei Banken nur zur kurzfristigen Überbrückung von Liquiditätsengpässen dienen. [138]

Aufgrund der engen Verbindung von Unternehmensfinanzierung und Kapitalmarkt spricht man auch von einem kapitalmarktorientierten Finanzierungssystem in den USA. [139] Kennzeichen dieses „kapitalmarktorientierten" Systems sind hoch entwickelte und äußerst funktions-

---

[137] Vgl. Finanz Betrieb (9/2003) S. 524
[138] Vgl. Gaida, M. (2003) S. 11
[139] Vgl. ebenda

fähige Finanzmärkte. Ersparnisse privater Haushalte fließen größtenteils direkt in die Finanzierung von Unternehmensinvestitionen ein.[140]

Banken nehmen in einem solchen kapitalmarktorientierten Finanzierungssystem im Bezug auf die langfristige Bereitstellung von Finanzierungsmitteln eine traditionell unbedeutende Stellung ein. Sie betreiben in der Regel keine Fristentransformation zur Darstellung langfristiger Kredite sondern engagieren sich im kurz- und mittelfristigen Kreditgeschäft.[141] Langfristige Finanzierungen werden von US-Unternehmen überwiegend direkt über den Kapitalmarkt in Anspruch genommen.[142] Hierbei bedienen sich die Unternehmen spezialisierter Bankhäuser so genannter Investment Banken. Das US-amerikanische Bankensystem ist im Unterschied zum deutschen Universalbanksystem, bei dem alle Bankgeschäfte unter einem Dach abgewickelt werden können, nach dem Trennbankensystem organisiert.[143] Mit dem „Glass-Steagall-Act" von 1933 wurde gesetzlich geregelt, dass das Kredit- und Einlagengeschäft vom Wertpapier- und Emissionsgeschäft strikt getrennt abgewickelt werden muss.[144] Demzufolge haben sich in den USA verschiedene Typen von Banken mit unterschiedlichen Schwerpunkten, wie z.B. Investmentbanken/Broker (Wertpapiergeschäft/Emissionsgeschäft) und Commercial Banks (Anlage- und Kreditgeschäft) herausgebildet.[145] Diese strikte Reglementierung wurde in den letzten Jahren zunehmend gelockert. Die Lockerung und der damit verbundene Strukturwandel zeigen sich am deutlichsten in der Entstehung von Supraregionalbanken sowie von Bank Holding Companies, die sowohl Commercial als auch Investment Banks zusammenführen.[146] Dennoch ist das amerikanische Bankenwesen bis heute von der Spezialisierung des Trennbankensystems stark geprägt.

Die in den USA übliche Unternehmensfinanzierung über den Kapitalmarkt - statt wie in Deutschland über die Banken selbst - führt zu einer geringen Bindung des Kapitalnehmers und Financiers. Die Möglichkeit des jederzeitigen Exits aus dem Engagement über den Kapitalmarkt schlägt sich ferner in einer oft nur kurzen Kapitalbeziehung nieder. Kauf und Verkauf von Anleihen oder Aktien eines Unternehmens wird nicht nur von dispositiven Gründen

---

[140] Vgl. Svetlovar R. Nikolov (2000) S. 30
[141] Vgl. Svetlovar R. Nikolov (2000) S. 30
[142] Vgl. Suhlrie, D. (2002) S.3
[143] Vgl. Gaida, M. (2003) S. 32
[144] Vgl. UBS - Bankenfachwörterbuch
[145] Vgl. Svetlovar R. Nikolov (2000) S. 89

beim Kapitalanleger sondern auch von Änderungen in der wirtschaftlichen Situation des Unternehmens bestimmt. Dies führt dazu, dass die Wertschöpfung eines Unternehmens sich schnell in dessen Kurs nieder schlägt. Das Management eines über den Kapitalmarkt finanzierten Unternehmens ist also ständig bedacht, den Unternehmenswert zu maximieren, da schlechte Kurse weitere Finanzierungen schwierig gestalteten.[147]

Unternehmen in den USA sind deshalb im Gegensatz zur Breite deutscher Unternehmen gewohnt, sich auf dem Kapitalmarkt zu bewegen, sich Ratings zu unterziehen und Geschäftszahlen und Prognosen offen zu legen, um somit neue Investoren zu gewinnen. Dies schließt eine Informationsasymmetrie zwischen dem die Finanzierung arrangierenden Finanzinstitut und den Investoren weitgehend aus.

Die geringe Rolle von Bankkrediten zur Unternehmensfinanzierung im Gegensatz zur stark gewichteten Finanzierung über den Kapitalmarkt und eine gesündere Ausstattung mit Eigenkapital amerikanischer im Vergleich zu deutschen Unternehmen kennzeichnen die US-amerikanische Unternehmensfinanzierung. Die Eigentümerstruktur der Unternehmen in den USA ist dadurch jedoch sehr anonym. Die Eigentümer halten i. d. R. zu geringe Anteile am Eigenkapital der Unternehmen und sind somit nicht in der Lage, Unternehmensentscheidungen maßgeblich zu beeinflussen.[148]

Ein funktionierender Kapitalmarkt wie in den USA bewirkt eine hohe Kapitalflexibilität; investiertes Kapital kann leicht und anonym wieder abgezogen werden und in andere Unternehmen investiert werden. Diese Kapitalflexibilität kommt gerade jungen und damit noch risikoreichen Unternehmen zu Gute. Investoren sind in einem solchen Finanzierungssystem bereit, Renditechancen selbst bei risikoreichen, innovativen Unternehmen zu ergreifen.[149] Gerade der Entwicklung der Venture Capital Branche in den USA kam dies sehr zu gute.

3.3.2 Historische Entwicklung der Branche in den USA

Die Entwicklung der Venture Capital und Private Equity Branche in den USA begann viele Jahre früher als in Deutschland. Die Vorläufer der Branche reichen in den USA mit der Ent-

---

[146] Vgl. ebenda S. 139
[147] Vgl. Gaida, M. (2003) S. 11
[148] Vgl. Svetlovar R. Nikolov (2000) S. 31
[149] Vgl. Gaida, M. (2003) S. 13

wicklung der ersten Investment Banken bis in die späten Jahre des 19ten Jahrhunderts zurück. Die Investment Banken befassten sich schon damals mit der Finanzierung von Innovationen. Einige dieser Investment Banken sind heute noch fester Bestandteil der Venture Capital und Private Equity Branche. [150]

Gleichzeitig investierten einige sehr wohlhabende Familien schon damals in wachstumsreiche und innovative Unternehmen. Mit ihren risikoreichen Investitionen sahen sie frühzeitig die Möglichkeit, Einfluss auf neue und profitable Geschäftsfelder zu gewinnen. Sie bildeten damit die Grundlage für das informelle Venture Capital und die damit verbundene Business-Angel Kultur in den USA. [151]

Die Institutionalisierung der Branche begann jedoch erst circa 50 Jahre später mit der Entstehung der American Research and Development Corporation.

3.3.2.1 Die American Research and Development Corporation

Mitte des 20ten Jahrhunderts kam in den USA erstmals das Problem auf, dass sich gerade kleine Unternehmen nur schwer mit Kapital versorgen konnten. Institutionelle Investoren mieden mit ihrem Kapital Fonds zur Finanzierung junger Unternehmen, welches generell zu einem schwachen Gründungsklima in den USA führte. [152]

Um diesem Trend entgegenzuwirken, wurde 1946 die *American Research and Development Corporation (ARD)* ins Leben gerufen. Die ARD hatten den Zweck, gerade technologieorientierten Unternehmensgründern Kapital und Expertise zur Verfügung zu stellen. Die Gründer der ARD erhofften sich ihrerseits, durch ihre Kapitalbereitstellung vom Wachstum der Unternehmen zu profitieren. Damit stellte die ARD die erste institutionelle Investitionsgesellschaft in den USA dar, die professionell verwaltetes Venture Capital an technologieorientierte Unternehmen vergab. Das benötigte Kapital für ihre Investitionen besorgte sich die ARD über den Kapitalmarkt, indem sie dort eigene Aktien emittierte. Diese konnten sowohl von interessierten industriellen als auch privaten Investoren gekauft werden. Dabei spiegelte der Kurs der ARD Aktien den Wert der Beteiligungen an den jungen Unternehmen in ihrem Portfolio wie-

---

[150] Vgl. Leopold, G./Frommann, H./Kühr, T. (2003) S. 217
[151] Vgl. ebenda
[152] Vgl. ebenda

der. Durch ihre Finanzierung über den Kapitalmarkt schien die ARD dem kapitalmarktorientierten Finanzierungssystem der USA genau zu entsprechen.[153]

Die Finanzierung über den Kapitalmarkt wurde der ARD jedoch über die Jahre zum Verhängnis. Es erwies sich für die ARD außerordentlich schwer, Kapital über diesen Weg zu mobilisieren. Anleger hatten noch kein Vertrauen in dieses neue Konzept. Die Risiken, die hinter eine Investition steckten, waren nicht genau absehbar. Des weiteren waren die Investitionsinteressen der ARD eher langfristiger Natur, die der renditeorientierten Anleger zu dieser Zeit jedoch kurzfristig.[154]

Erschwerend kam für die ARD hinzu, dass staatliche Reglementierungen Investitionen gewisser Anlegergruppen verhinderten. Hierbei ist der *Investment Company Act* von 1940 zu erwähnen. Dieser hinderte gerade große institutionelle Investoren, wie z. B. private und staatliche Fonds oder Versicherungen, sich an risikoreichen Venture Capital Engagements zu beteiligen. Die Unternehmen waren gehalten, ihr Kapital im Sinne des Anlegerschutzes mit größter Vorsicht anzulegen. Eine indirekte Beteiligung an jungen risikoreichen Unternehmen über einen Intermediär wie die ARD hätte jedoch diese Vorsichtpflicht gemäß des Investment Company Act verletzt.[155]

Solche Reglementierungen und die Schwankungen am Kapitalmarkt brachten die ARD über die Jahre immer wieder in finanzielle Nöte, obwohl sich gewisse Beteiligungen in ihrem Portfolio sehr gut entwickelten und einige exogene Restriktionen entschärft wurden. Die Tatsache, dass sich die Beteiligungen nur gewinnbringend bei Boomzeiten des Kapitalmarktes verkaufen ließen und Anleger immer noch kein Vertrauen in das Konzept der ARD aufbrachten und somit kein Kapital für weitere Investitionen zur Verfügung stellten, ließ den eigenen Börsenwert der ARD gegen Ende unter den Wert ihrer im Portfolio gehaltenen Beteiligungen sinken.[156]

Dies machte die ARD selber zum Übernahmekandidaten. Sie wurde im Januar 1972 von der Firma Textron Inc. übernommen.[157] Über die Gesamtlaufzeit ihres Bestehens von 1946 bis

---

[153] Vgl. Gaida, M. (2003) S. 40
[154] Vgl. Gaida, M. (2003) S. 46
[155] Vgl. ebenda S. 43
[156] Vgl. ebenda S. 55
[157] Vgl. ebenda S. 56

1971 erzielte die ARD eine durchschnittliche jährliche Rendite von 14,7 %. Eine vergleichbare Investition in ein Portfolio aus 30 Aktien des Dow Jones Index hätte über den gleichen Zeitraum eine Performanz von 12,8 % erbracht. Die hohe Rendite der ARD ist jedoch auf einige wenige sehr erfolgreiche Beteiligungen zurückzuführen.[158]

Die Geschichte der ARD bewies somit, dass es möglich war, private Mittel aufzubringen, diese in junge Unternehmen als risikotragendes Eigenkapital zu investieren und daraus langfristig eine überdurchschnittliche Rendite zu erzielen.[159]

3.3.2.2 Die Small Business Investment Companies

Noch während des Bestehens der ARD hat sich der Staat weiter mit dem Problem der Finanzierungslücke von kleinen und mittleren Unternehmen beschäftigt. Gerade KMU war der Zugang zu Eigenkapitalquellen noch sehr erschwert. Der Kongress der USA hat daraufhin 1958 entschieden die bestehenden Garantie- und Darlehensprogramme der *Small Business Administration (SBA)* um das *Small Business Investment Companies (SBIC)* Programm zu ergänzen.[160]

Die SBIC hatten die Aufgabe, Finanzhilfen für Existenzgründer und kleinere Unternehmen bereitzustellen und zu vermitteln. Die SBIC wurden als private Beteiligungsgesellschaften gegründet und mussten sich von der SBA lizenzieren und beaufsichtigen lassen. Dafür erhielten sie jedoch Zugang zu langfristigen, zinsgünstigen und staatlich garantierten Finanzierungsmitteln. Hinzu kamen steuerliche Begünstigungen.[161]

Das Programm entwickelte sich anfangs nur zögerlich. Dies änderte sich jedoch, als Anfang der 1960er Jahre der Markt für Neuemissionen stark anzog. Es bestand somit ein aufnahmebereiter Markt für Beteiligungen. Beteiligungen aus SBIC Portfolios konnten gewinnbringend am Emissionsmarkt verkauft werden. Diese positiven Rahmenbedingungen ließen die Anzahl von SBIC auf über 700 im Jahre 1963 steigen. Sie verwalteten mehr als $446 Millionen privat aufgebrachten Kapitals.[162]

---

[158] Vgl. Gaida, M. (2003) S. 56
[159] Vgl. Leopold, G./Frommann, H./Kühr, T. (2003) S. 218
[160] Vgl. ebenda
[161] Vgl. ebenda
[162] Vgl. Gaida, M. (2003) S. 68-69

Die Entwicklung der SBIC verlief jedoch nicht reibungslos. Mit dem Zusammenbruch des Emissionsmarktes zur Mitte des Jahres 1962 erlitt die Branche einen herben Rückschlag. Die SBIC verloren damit ihren wichtigen Absatzmarkt für später zu verkaufende Beteiligungen. Dies erkannten auch viele Investoren und zogen sich aus ihrem Engagement bei den SBIC zurück. Für die SBIC hatte dies zwei Konsequenzen: zum einen sank ihr Aktienkurs teilweise bis zu 50 %, zum anderen konnten sie nur noch sehr erschwert neues Kapital einwerben.[163]

Die folgenden Jahre waren durch eine Konsolidierung der Branche gekennzeichnet[164]. Viele SBIC schieden aus dem Markt aus, andere wurden aufgrund ihres niedrigen Aktienkurses Ziel von Übernamen.

Das SBIC-Programm zeigte abermals, dass es möglich war, privates Vermögen in Venture Capital zu lenken. Zu den Empfängern von SBIC-Beteiligungen zählten nach SBA Angaben Unternehmen wie, Apple, Sun, Intel und Federal Express.[165] Es zeigte jedoch auch, dass die staatlichen Rahmenbedingungen noch nicht optimal waren und den Handlungsspielraum von Beteiligungsgesellschaften zu sehr einschränkten. Ferner zeigte sich eine klare Abhängigkeit der Branche vom Emissions- und Kapitalmarkt.

3.3.2.3 Die Limited Partnership

Anfang der 1960er Jahre wurde eine neue Organisationsform von Venture Capital Gesellschaften geschaffen – die *Limited Partnership (LP)*. Diese neue Organisationsform war eine Antwort auf das US-amerikanische Finanzierungssystem mit seinen Restriktionen für Finanzierungen von risikoreichen Innovationen. [166]

Die LP stellt einen Intermediär zwischen Kapitalgebern und Enterpreneuren dar. Sie wird in der Regel als ein privatwirtschaftlicher, nicht staatlicher Fond organisiert. Dabei gibt es ähnlich wie bei den deutschen Kommanditgesellschaften zwei verschiedene Arten von Gesellschaftern, wobei die einen den Fond führen und die anderen ihn mit Kapital versorgen.[167]

---

[163] Vgl. Gaida, M. (2003) S. 72-73
[164] Vgl. ebenda S. 82
[165] Vgl. ebenda S. 95
[166] Vgl. ebenda S. 96
[167] Vgl. ebenda S. 101

Die Organisationsform der LP wies einige entscheidende Vorteile gegenüber den Gesellschaften aus dem SBIC-Programm auf. Die LP hat ihre Anteile nicht mehr am Kapitalmarkt emittiert. Damit entzog sie sich der Aufsicht der SBA und der SEC und konnte somit erstmals eine kontrollierende Position in ihrem Portfoliounternehmen einnehmen. Des weiteren unterlag sie beim Fundraising nicht mehr den Schwankungen am Kapitalmarkt. Die LPs finanzieren sich durch direkte Beteiligungen der Investoren, wobei die LPs das Interesse von großen Pensionsfonds auf sich ziehen konnten. Die Pensionsfonds waren an den hohen Renditechancen risikoreicher Finanzierungen interessiert und mischten diese bevorzugt ihren Portfolios bei. Großen Investitionen stand anfangs noch das staatliche Vorsichtsgebot im Wege, dies wurde über die Jahre jedoch gelockert.[168] Der Kapitalzufluss der LPs war somit gegeben und die Ausgestaltung der Verträge mit den Kapitalgebern sicherte, dass ihr Kapital langfristig gebunden blieb. Dies gab den LPs eine ausreichende Stabilität.

Im Gegensatz zu SBIC gingen die LPs erstmals sehr enge Bindungen mit ihren sich im Portfolio befindenden Unternehmen ein. Sie hatten große Kontroll- und Informationsrechte und konnten somit die weiteren Unternehmensentwicklungen entscheidend mitbestimmen.[169]

3.3.2.4 Die Situation der Branche in den 1970er Jahren

Schon in den ersten Jahren ihres Bestehens konnten sich die LPs als dominierende Organisationsform in der Venture Capital Branche durchsetzten. Unterstützt wurde diese Entwicklung durch die anhaltende Krise in der alternativen Organisationsform SBIC. Vermehrt zogen sich Anleger aus den SBIC zurück und wandten sich den neuen LPs zu.

Die gesamte Branche entwickelte sich in den 1970er Jahren nur schleppend. Die Kapitalzuflüsse waren stark rückläufig. Dies ist hauptsächlich darauf zurückzuführen, dass Anfang 1973 der Emissionsmarkt erneut wegbrach.[170]

Es zeigte sich, dass LPs besser mit einer solchen schwierigen Situation zurecht kamen als SBIC zuvor in der gleichen Situation. Es bewährte sich, dass sich LPs nicht über den Kapitalmarkt finanzierten, was davor schütze, dass ihnen ihr Kapital durch abwandernde Anleger wieder entzogen wurde.

---

[168] Vgl. Gaida, M. (2002) S. 98-99
[169] Vgl. ebenda S. 109
[170] Vgl. ebenda S. 122

Die ungünstige Situation in den 1970er Jahre führte dazu, dass sich KBGn bemühten, neue Geschäftsfelder zu erschließen. In diesem Zuge wandten sie sich von jungen Unternehmen ab und konzentrierten sich vermehrt auf größere etablierte Unternehmen. Dadurch entwickelte sich der Geschäftsbereich rund um Restrukturierungs- und Expansionsfinanzierung, das *Leveraged Buyouts* Geschäft.[171]

Gegen Ende der 1970er Jahre wurde seitens des Staates die Gesetzgebung dahingehend verändert, dass sich auch Pensionsfonds in größerem Umfang an den risikoreichen Investitionen der KBGn beteiligen durften. Auch eine Steuersenkung auf Kapitalerträge wurde verabschiedet. Diese Lockerung der Investitionsvorgaben ließ die Kapitalzuflüsse in die Branche schlagartig steigen. Zu Anfang der 1970er lagen die Kapitalzuflüsse deutlich unter $100 Millionen. Mit den neuen Investitionsvorgaben schnellten die Zuflüsse sprunghaft auf über $600 Millionen hoch. [172]

„Die Veränderung der rechtlichen Umgebung von Investitionspraktiken der Pensionsfonds ist daher ein überzeugendes Beispiel, wie staatliche Regulierungen die Innovations- und Investitionstätigkeit der USA beeinflusst hat... ." [173]

3.3.2.5 Die Entfaltung der Branche in den 1980er und 1990er Jahre

Die zuvor erwähnten rechtlichen Veränderungen und ein stark anziehender Emissions- und Kapitalmark führten zu einem regelrechten Boom der Venture Capital und Private Equity Branche Anfang der 1980er Jahre. Konjunkturelle Belebung, technische Neuentwicklungen, niedrige Zinsen und günstige Börsen führten ferner zu dem Ergebnis, dass sich z. B. das Fundraising von 1977 bis 1987 auf fast $ 5 Milliarden und damit auf das 50-fache erhöhte.[174]

Zu dieser Zeit wendete sich die Branche auch wieder vermehrt jungen Technologieunternehmen zu, welches die These auch am Beispiel USA unterstützt, dass Frühphasenfinanzierung nur mit einem starken Emissions- und Kapitalmarkt einhergeht.

---

[171] Vgl. Gaida, M. (2002) S. 124-125
[172] Vgl. ebenda S. 137-138
[173] Vgl. ebenda S. 146
[174] Vgl. Leopold, G./Frommann, H./Kühr, T. (2003) S. 220

Das starke Wachstum der Branche wurde jedoch gegen Ende der 1980er Jahre abgebremst, als der Emissionsmarkt mit dem Börsencrash im Oktober 1987 abermals wegbrach.[175] Das Fundraising und die Anzahl der „Venture backed IPOs" gingen merklich zurück, die Renditen der KBGn konnten jedoch ein vergleichsweise hohes Niveau halten, welches wiederum auf das neue Geschäftsfeld Buyouts zurückzuführen war.[176] Zu dieser Zeit waren Pensionsfonds zur wichtigsten Kapitalquelle der Branche aufgestiegen und aus dem Beteiligungsgeschäft nicht mehr weg zu denken.

In den 1990er Jahren, gerade in der zweiten Hälft, zog der Kapitalmarkt wieder an und damit auch das Wachstum der Venture Capital und Private Equity Branche. Das Fundraising stieg von $ 1,7 Milliarden in 1991 auf $ 104,9 Milliarden in 2000, die Neuinvestitionen stiegen von $ 2,6 Milliarden auf $ 105,9 Milliarden.[177] Dazu kamen jeweils erhebliche Zuwächse im Buy-out Geschäft. Dieser Boom, welcher auch in geringerem Maße in Westeuropa zu beobachten war, wurde hauptsächlich durch die Entwicklung des Internets vorangetrieben. „Nach angaben der National Venture Capital Association (NVCA) flossen im Jahr 2000 allein rund 84 Mrd. $ in „Internet related Investments".[178] Zu dieser Zeit entwickelte der US-amerikanische Venture Capital und Private Equity Markt eine Vorbildfunktion, die bis heute besteht.

Seit dem Jahre 2001 ist die Branche wie in Deutschland durch einen starken Abschwung ge-kennzeichnet. Das Fundraising ging in diesem Jahr von den schon erwähnten $ 105,9 Milliar-den in 2000 auf $ 40 Milliarden in 2001 zurück. Ähnlich verhielten sich die Zahlen der Neu-investitionen.[179]

Die Auswirkungen des Abschwungs waren und sind sehr drastisch. In der aus diesem Verlauf resultierenden Konsolidierungsphase kam es zu einer Welle von Insolvenzen. Viele KBGn verschwanden von der Bildfläche. Gewinnbringende Exits wurden schwierig und in diesem Zuge IPOs selten. Bis heute ist sich die Fachwelt noch nicht einig, ob der Abschwung und die Konsolidierungsphase, wie auch in Deutschland, auf eine Überhitzung der Kapitalmärkte oder

---

[175] Vgl. Gaida, M. (2002) S. 149
[176] Vgl. Gaida, M. (2003) S. 149
[177] Vgl. Leopold, G./Frommann, H./Kühr, T. (2003) S. 221
[178] Vgl. ebenda
[179] Vgl. ebenda

auf eine grundlegende Veränderung in der Venture Capital und Private Equity Branche zurückzuführen ist.[180]

3.3.3 Die Rahmenbedingungen und steuerliche Förderung in den USA

Die schnelle und positive Entwicklung, die den Risikokapitalmarkt der USA zum größten der Welt hat werden lassen, wird häufig auf die Rahmenbedingungen zurückgeführt, die maßgeblich zu dem Erfolg der Branche beigetragen haben. In den USA im Vergleich zu Deutschland herrschte von Anfang an ein positiveres Entwicklungsklima. Das Marktumfeld, aus dem die Branche der USA entstanden ist, ist nach Bruttoinlandsprodukt, Bevölkerung, Fläche und Sozialprodukt der größte zusammenhängende Markt der Welt. [181] US-amerikanische Unternehmer denken deshalb gewöhnlich in großen Dimensionen und waren durch das kapitalmarktorientierte Finanzierungssystem und die sekundäre Stellung der Banken in der Unternehmensfinanzierung mit dem Kapitalmarkt als Finanzierungsquelle vertraut.

Die Größe des US-amerikanischen Marktes beinhaltet neben einem großen Absatzmarkt auch eine immense Kapitalkraft, die der Entwicklung der Venture Capital und Private Equity Branche z. B. durch kontinuierliche Investitionen der kapitalstarken Pensionsfonds und Versicherungen sehr zu gute kam. Ferner sicherte der effiziente Kapitalmarkt, ausgenommen in ausgeprägten Baisse-Phasen, einen lukrativen Veräußerungskanal für erworbene Beteiligungen. Die schon in den 1970er gegründete Technologiebörse NASDAQ förderte diese Entwicklung sehr.

Letztlich rundete die vorteilhafte Steuergesetzgebung der USA die positiven Rahmenbedingungen für die Entwicklung der Venture Capital und Private Equity Branche ab. Die Steuern auf Veräußerungsgewinnen wurden über die Jahre kontinuierlich seitens des Staates gesenkt und betragen zurzeit lediglich 20 %.[182] Dies entlohnt Anleger für ihre Risikobereitschaft und gibt ihnen die Möglichkeit weitere Investitionen zu finanzieren.

---

[180] Vgl. ebenda S. 232
[181] Vgl. Leopold, G./Frommann, H./Kühr, T. (2003) S. 223
[182] Vgl. ebenda S. 226

3.3.4 Venture Capital Culture – Die Unternehmermentalität in den USA

Die Unternehmermentalität der Amerikaner ist eine weitere wichtige Grundlage der schnellen Entwicklung der Branche in den USA. Dabei lässt sich die Mentalität charakterisieren durch eine hohe Ausprägung unternehmerischen Denkens und Handelns, verbunden mit Risiko- und Entscheidungsbereitschaft. Dies bildet die Grundlage für die eigentliche „Venture Capital Culture" in den USA. Hinzu kommt, dass eben jenes Recht des Menschen nach seinem persönlichen „Glück", welches gegebenenfalls auch in materieller Verwirklichung bestehen kann, zu streben, als Verfassungsgrundsatz verankert ist und von den Bürgern angenommen wird.[183] Das Streben nach Profit in der US-amerikanischen Gesellschaft ist positiv belegt und weniger sozial tabuisiert.

---

[183] Vgl. Leopold, G./Frommann, H./Kühr, T. (2003) S. 222

3.3.5 Die Investoren des Beteiligungsgeschäfts

Die Anteile der Investoren, die das Kapital für die Venture Capital und Private Equity Branche in den USA aufbringen, schwankten über die Jahre nicht unerheblich. Für die letzten zehn Jahre sind folgende durchschnittliche Prozentsätze festzustellen:

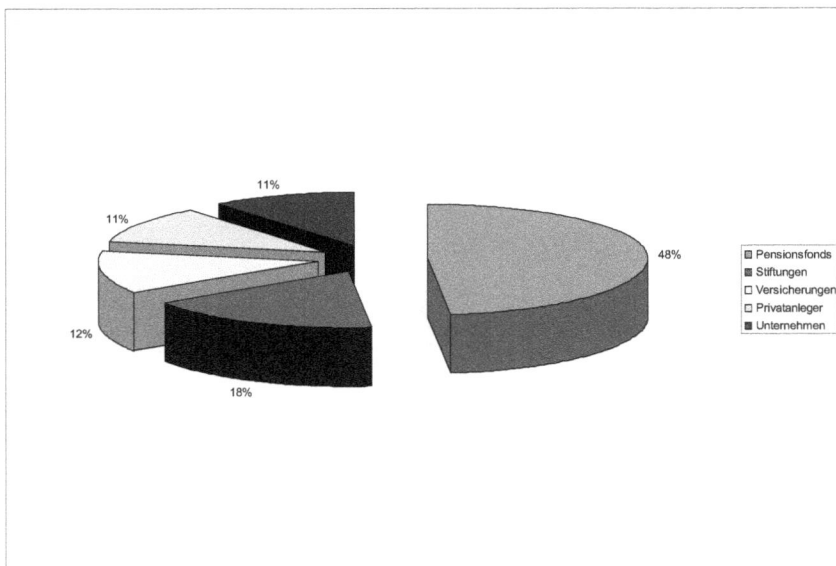

Abbildung 7: Durchschnittliche Investorenstruktur der USA der letzten zehn Jahren[184]

Die Abbildung verdeutlicht die oben beschriebene starke Stellung der Pensionsfonds als Kapitalgeber in den USA. An zweiter Stelle stehen in den USA die Stiftungen und danach die Versicherungen als wichtige Kapitalquelle für Venture Capital und Private Equity. Diese konnten in den letzten Jahren ihre Stellung sogar noch weiter ausbauen. Im Jahr 2002 machten sie zusammen 46 % des Fundraising aus.[185]

Zu dem verhältnismäßig großen Anteil der Privatanleger zählen vor allem die Business-Angel Verbände. Diese Art des informellen Venture Capital ist in den USA besonders ausgeprägt. Dazu zählen vor allem wohlhabende Familien, die ihr Geld in Unternehmen investieren, wel-

---

[184] Vgl. ebenda S. 224

che von Familienangehörigen, Verwandten, Freunden aber auch Fremden gegründet sein können.[186]

Auffällig an der Investorenstruktur der US-amerikanischen Venture Capital und Private Equity Branche ist die im Vergleich zu Deutschland unbedeutende Rolle der Kreditinstitute.

3.3.6 Der Exit – Verkauf von Beteiligungen

Als Veräußerungswege von Venture Capital und Private Equity Beteiligungen ist in den USA, anders als in Deutschland, das Instrument Initial public offerings (IPOs), d. h. die Ersteinführung der Anteile eines Unternehmens an der Börse, weit verbreitet. Der Verkauf von Beteiligungen über eine Trade Sale ist ebenfalls hoch entwickelt. Die folgenden Zahlen über die langfristige Entwicklung der Exits in den USA verdeutlichen dies:

Tabelle 6: Langfristige Entwicklung der Exits in den USA 1996-2002[187]

Exit	1996		1997		1998		1999		2000		2001		2002	
	Anzahl	Vol.*	Anzahl	Vol.*	Anzahl	Vol.*	Anzahl	Vol.*	Anzahl	Vol.*	Anzahl	Vol.*	Anzahl	Vol.*
Trade Sale	115,0	8,4	163,0	7,4	202,0	8,9	238,0	37,3	309,0	68,0	336,0	17,1	279,0	7,1
IPOs	262,0	11,2	129,0	4,5	75,0	3,7	244,0	18,7	208,0	19,6	35,0	2,9	22,0	1,9
Gesamt	377,0	19,6	292,0	11,9	277,0	12,6	482,0	56,0	517,0	87,6	371,0	20,0	301,0	9,0

* Volumen in $ Milliarden

Die Tabelle spiegelt die Abhängigkeit der IPO Transaktionen von den Schwankungen am Kapitalmarkt wieder. Während in den Rekordjahren 1999 und 2000 noch weit über 200 IPOs stattgefunden haben, fiel die IPO Anzahl während der schlechten Lage an den Finanzmärkten 2001 und 2002 auf unter 50.

Der Veräußerungskanal Trade Sale steht auch in Zeiten schwacher Finanzmärkte zur Verfügung. Deshalb ist der Trade Sale in den USA wie in Deutschland insbesondere in Zeiten schwieriger Kapitalmarktsituationen der meist benutzte Exitkanal für Venture Capital und Private Equity Beteiligungen.

---

[185] Vgl. BVK Nachrichten (2003) S. 2
[186] Vgl. Nittka, I. (2000) S. 79
[187] Vgl. BVK Nachrichten (2003) S. 12-13

3.3.7 Der US-amerikanische Venture Capital / Private Equity Markt in Zahlen

In diesem Teil soll auch der US-amerikanische Markt für Venture Capital und Private Equity anhand von Zahlen im Überblick dargestellt werden. Die statistischen Zahlen verdeutlichen die oben beschriebenen Entwicklungen und Trends der US-Branche und geben einen Eindruck von den immensen Größenunterschieden der Venture Capital und Private Equity Märkte in Deutschland und den USA.

Die Zahlen werden von Venture Economics im Rahmen einer jährlichen Analyse des amerikanischen Venture Capital Marktes erhoben. Dabei ist jedoch zu beachten, dass Venture Economics gewisse Zahlen anders definiert. Unter *Capital under Management* versteht man zum Beispiel, „...die Summe der über die Jahre hinweg kumulierten Fonds, von denen die liquidierten Fonds und jene, die ihren Lebenszyklus abgeschlossen haben, d. h. nicht mehr investieren, subtrahiert werden. Dabei wird von einem Lebenszyklus von acht Jahren ausgegangen. Diese Kategorie entspricht nach deutscher Betrachtungsweise somit weder dem Fondsvolumen noch dem Portfolio.“[188] Die Kennziffer Capital under Management gibt jedoch Aufschluss über die Größe des US-Marktes und zeigt repräsentativ das vorhandene Kapital, welches der Branche zur Verfügung steht.

---

[188] Vgl. BVK (2003), Jahrbuch 2003 S. 134

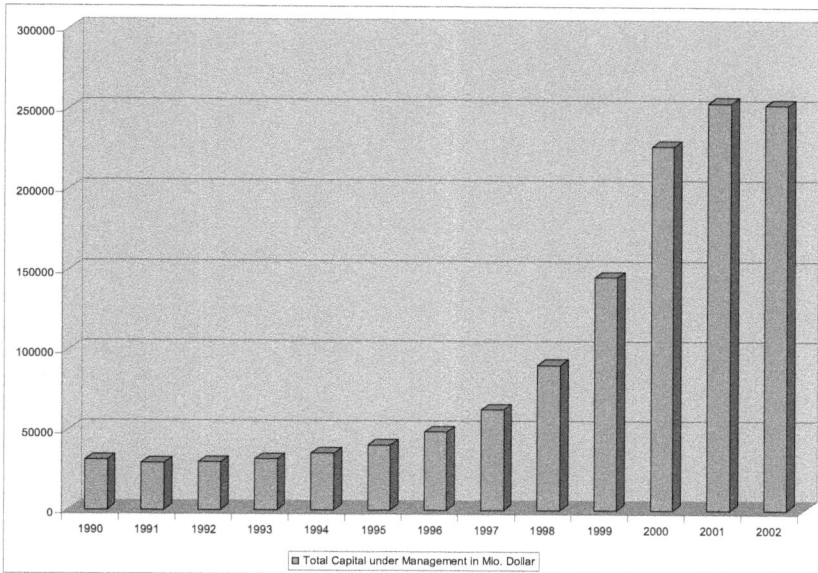

Abbildung 8: Langfristige Entwicklung des Capital under Management in den USA[189]

Die Entwicklung des Capital under Management zeigt die Überlegenheit des US Marktes gegenüber dem deutschen Markt in punkto Größe. Im Jahr 2000 überstieg das Capital under Management erstmals die 200-Milliarden-Dollar Marke. Im Vergleich dazu erreichte das deutsche Fondsvolumen 2001 gerade die 100-Milliarden-Euro-Marke und fiel danach wieder stark ab. Der US Markt ist demnach über doppelt so groß.

Die Entwicklung des Capital under Management zeigt jedoch einen minimalen Rückgang im Jahre 2002. Der rasante Anstieg seit den frühen 1990er Jahren scheint damit auch in den USA unterbrochen zu sein. Die aktuell schwierige Marktsituation und die zuvor erwähnte Konsolidierungsphase der US-amerikanischen Venture Capital und Private Equity Branche schlagen sich auch in den statistischen Zahlen nieder.

---

[189] Vgl. BVK (2003), Jahrbuch 2003 S. 140

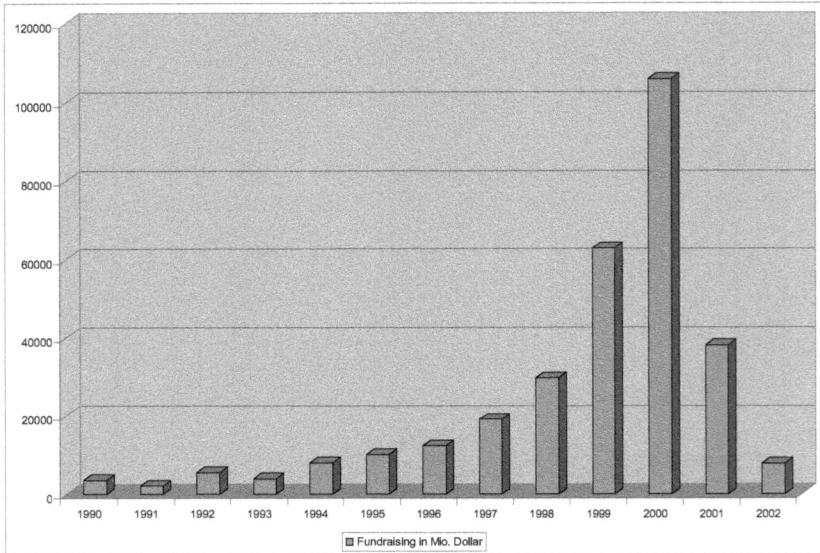

Abbildung 9: Langfristige Entwicklung des Fundraising in den USA[190]

Die Kennziffern der langfristigen Entwicklung des Fundraising in den USA spiegeln die aktuelle Marktkonsolidierung sehr deutlich wieder. Nach einem relativ konstanten Wachstum im
Fundraising wurde 2000 der Höhepunkt, mit über $ 100 Mrd. neu eingeworbenen Mitteln,
erreicht. Danach fiel das Fundraising drastisch. Im Jahre 2002 sind nur noch $ 7,6 Mrd. ein-
geworben worden, das entspricht einem Rückgang um 80% zum Vorjahr mit einem Fundraising von fast $ 38 Mrd.[191]

Nach Schätzungen von Venture Economics kam der Rückgang des Fundraising jedoch nicht
unerwartet. Venture Economics geht davon aus, dass allein bei Venture Capital die nicht investierten Mittel $ 80 Mrd. betragen. Das entspricht ungefähr dem 3,8 fachen des Investiti-
onsvolumens im Jahr 2002.[192] Es besteht somit von Seiten der Fondsinitiatoren kein Druck,
neues Kapital aufzunehmen. Die vorhandenen Mittel müssen vielmehr erfolgreich investiert
werden.

---

[190] Vgl. BVK (2003), Jahrbuch 2003 S. 140
[191] Vgl. ebenda S. 134
[192] Vgl. BVK Nachrichten (2003) S. 2

Tabelle 7: Langfristige Entwicklung der Bruttoinvestitionen nach Branchen in den USA[193]

Industry	1996	1997	1998	1999	2000	2001	2002
Communications	4945,5	2664,9	4364,8	12701,8	29199,8	12100,7	5093,9
Computer Software	2306,7	3264,9	4250,4	9349,2	20418,7	8609,7	4312,5
Biotechnology	1242,6	1498,3	1521,1	2204,6	4335,7	3296,3	2858,3
Healthcare Related	1317,7	1770,6	2077,0	2745,2	3683,3	2675,2	2230,1
Comp. Hardware/Services	927,4	1181,4	1726,4	5419,7	11822,5	3965,5	1931,0
Retailing and Media	2117,4	2217,8	3590,9	14814,1	22470,8	4469,7	1500,8
Semiconductors+Elektronics	484,9	872,3	921,1	1608,6	4253,2	2172,5	1440,2
Business/Financial	660,5	712,2	1491,9	4242,0	7397,2	2335,2	1033,6
Industrial/Energy	590,0	956,9	1552,9	1839,1	2713,5	1408,7	823,8
Total	**11592,7**	**15193,3**	**21466,5**	**54924,3**	**106294,7**	**41033,5**	**21224,2**

Die Kennzahlen der Bruttoinvestitionen zeigen, dass fast alle Branchen in den USA im Jahre 2002 einen Rückgang der Investitionen von über 50 % zum Vorjahr hinnehmen mussten. Auch dies kann auf die aktuelle Marktkonsolidierung zurückgeführt werden.

Die Tabelle zeigt ferner die starke Technologieorientierung der US-Branche. Selbst in mageren Jahren wie im Jahr 2002 kann die Communications und Computer Software Branche fast 50 % des Gesamtinvestitionsvolumens auf sich vereinen. Die Bereiche Einzelhandel (Retailling) und Media mussten im Jahr 2002 die größten Rückschläge verkraften.

Tabelle 8: Langfristige Entwicklung der Bruttoinvestitionen nach Finanzierungsphasen in den USA[194]

Stage	1996	1997	1998	1999	2000	2001	2002
Startup/Seed	1541,9	1331,5	1856,0	3328,8	3143,8	794,1	308,8
Early Stage	2850,8	3519,0	5459,2	12076,0	26126,4	9226,5	4076,2
Expansion	5418,7	7911,2	10830,4	30786,6	60879,8	23495,3	13301,4
Later Stage	1781,4	2377,7	3321,0	8732,9	16144,7	7517,7	3542,7
Total	**11592,7**	**15139,3**	**21465,5**	**54924,3**	**106294,0**	**41033,5**	**21224,2**

Die langfristige Entwicklung der Bruttoinvestitionen nach Finanzierungsphasen lässt erkennen, dass alle Investitionsphasen Rückgänge der Investitionsvolumina in den letzten Jahren zu verzeichnen haben. Strukturell besteht eine Dominanz der Expansionsfinanzierung. Im Jahr 2002 entfielen auf diese Finanzierungsphase 63 % des gesamten Investitionsvolumens, auf Early Stage Investitionen 20 % und auf den Later Stage Investitionen 17 %.[195] Damit kon-

---

[193] Vgl. BVK (2003), Jahrbuch 2003 S. 141
[194] Vgl. ebenda S. 140
[195] Vgl. BVK Nachrichten (2003) S. 3

zentriert sich die US-Beteiligungsbranche, wie auch die deutsche, vermehrt auf Investitionen im Bereich Expansionsfinanzierung.

3.3.8 Fazit USA

Die historische Entwicklung der Venture Capital and Private Equity Branche in den USA wies einige wesentliche Faktoren auf, die die Branche zu der im internationalen Vergleich einzigartigen Leistungsfähigkeit und Größe haben reifen lassen. Die für diese Untersuchung wichtigsten Entwicklungen sollen anhand der Kategorisierung, welche schon bei der Darstellung des deutschen Risikokapitalmarktes verwendet wurde, aufgezeigt werden.

3.3.8.1 Strukturinduzierte Entwicklungen

Generell konnte in den letzten Jahren eine Modernisierung des gesamten US-amerikanischen Bankensystems beobachtet werden. Gesetzliche Liberalisierungen führten zu vermehrten staatenübergreifenden Fusionen im Bankengeschäft. Daraus resultierten einige große Finanzinstitute, die mit einer vergrößerten Geschäftsbasis sehr große Finanzgebiete betreuen.[196]

Staatliche Genehmigungen zur Etablierung von Bankenholdings ließen die Geschäftsbereiche von Commercial Banks und Investmentbanken zusammenwachsen. [197] Es entstanden Finanzinstitute (z. B. Citibank, Chase Morgan), die sowohl langfristige Finanzierungen als auch Private Equity Geschäfte unter einem Dach vereinten.

Mit der Institutionalisierung der *Limited Partnership* wurde in den USA eine Organisationsform entwickelt, die sich in den letzten Jahren durch hohe Effizienz und Leistungsstärke ausgezeichnet hat. Die mit den Limited Partnership verbundenen steuerlichen Vorteile, gerade für Investoren, hat sie zu der bevorzugten Organisationsform für KBGn in den USA aufsteigen lassen.

3.3.8.2 Angebotsinduzierte Entwicklungen

Die staatlichen Förderprogramme der USA sorgten für Stimulationen im Sinne einer Initialzündung im Frühstadium der langen Entwicklung der US-amerikanischen Risikokapitalbranche. Sie waren zwar anfangs nicht systemadäquat und gut in das Finanzierungssystem der

---

[196] Vgl. Svetlovar R. Nikolov (2000) S. 139
[197] Vgl. ebenda S. 138

66

USA eingebunden, sorgten aber schon früh für Anschübe in der Finanzierung von Wachstum und Innovation.

Das Finanzierungssystem der USA ist in der jungen Vergangenheit durch Strukturveränderungen und Liberalisierungen in der Kapitalallokation geprägt. Gerade große institutionelle Investoren, darunter vor allen die Pensionsfonds und Versicherungen, investieren vermehrt in risikoreiche Anlageformen. Ein intensiverer Wettbewerb fordert attraktive Renditen, die über denen alternativer Anlageformen für Investoren lagen. Dies führte zu einem veränderten Anlageverhalten und infolge dessen zu einem größeren Mittelaufkommen gerade auf den Märkten für Risikokapital.

Über die Jahre der Entwicklung der Risikokapitalbranche wurde in den USA kontinuierlich Kapitalmarktförderung betrieben. Die Folge war eine beispiellose Wachstumsdynamik des Kapitalmarktes, die bis tief in den Mittelstand verankert ist. Die USA verfügt über den innovativsten Kapitalmarkt, der Raum für Exits mit großvolumigen IPOs bietet sowie ein sehr großes Kapitalaufkommen kanalisiert.

3.3.8.3 Nachfrageinduzierte Entwicklungen

Der durch den großen *domestic market* in den USA herrschende Wettbewerb wurde durch die Globalisierung noch verstärkt. Dies führt auch bei den Unternehmen in den USA zu einem hohen Innovationsdruck, der mit einem verkürzten Investitionszyklus einhergeht. Daraus resultiert ein hoher Kapitalbedarf der US-amerikanischen Wirtschaft.

Die ausgeprägte Investmentmentalität in den USA förderte die Bildung so genannter *conglomerates*, also hoch diversifizierter Unternehmen, in den 1960er Jahren. Was sich als nicht vorteilhaft für die Geschäftstätigkeit solcher Unternehmen erwies.[198] Die Korrektur dieser Entwicklung durch Konzentration auf das Kerngeschäft initiierte Portfoliobereinigungen der Unternehmen, die zu einem vermehrten Dealflow im Bereich LBO, MBO und MBI des Risikokapitalgeschäfts führten.

---

[198] Vgl. Finanz Betrieb (1/2003) S. 306

4 Konvergenz der Risikokapitalmärkte

Die Risikokapitalmarktstrukturen, wie sie heute in Deutschland und den USA bestehen, haben über die Jahre eine sehr unterschiedliche und unabhängige Entwicklung durchlaufen. Dies ist darin begründet, dass sich die Risikokapitalmärkte zum einen in zwei grundlegend verschiedenen Finanzierungssystemen mit unterschiedlichen Rahmenbedingungen gebildet haben. Zum anderen besteht ein großer Unterschied bezüglich des zeitlichen Korridors, in dem die Entwicklungen stattgefunden haben. Der US-amerikanische Risikokapitalmarkt kann auf eine weit längere Entwicklung zurückblicken im Vergleich zu der recht jungen Vergangenheit des Risikokapitalmarktes in Deutschland.

Haben die Entwicklungen der Risikokapitalmarktstrukturen von Deutschland und den USA tatsächlich unabhängig von einander stattgefunden? Sind gewisse Entwicklungen des einen nicht vielleicht von Entwicklungen des anderen Marktes abhängig? Oder Bewegen sich die Risikokapitalmarktstrukturen beider Länder auf einander zu, hin zu interdependenten Strukturen und vergleichbaren Standards?

Hinter einer solchen Konvergenzbehauptung, bezogen auf die Risikokapitalmarktstrukturen und die damit verbundene Unternehmensfinanzierung, verbirgt sich die Annahme der Anpassung von scheinbar überkommen, traditionellen Strukturen und Institutionen an effizientere Vorbilder. Es wird zu zeigen sein, dass eine Konvergenz im Sinne einer Übereinstimmung der Risikokapitalmarktstrukturen nur begrenzt belegbar ist. Anpassungen fallen unterschiedlich aus, da die existierenden, abweichenden institutionellen Rahmenbedingungen zu differenzierten Veränderungserfordernissen führen.

Im vorliegenden Kontext bezieht sich das Konvergenzargument auf die zunehmende Verflechtung der Wirtschaft und der Finanzmärkte von Deutschland und den USA. Aus der Perspektive der Untersuchungen dieser Arbeit sind die behaupteten Entwicklungsrichtungen in der Tat zu erkennen. Dabei gehen die Entwicklungen allerdings in zwei Richtungen: bei dem vermeintlich effizienteren Konvergenzziel des deutschen Finanzierungssystems, dem US-amerikanischen System, sind auch Veränderungen zu erkennen, die in Richtung des deutschen Systems weisen.

Die historische Entwicklung beider Marktstrukturen schließt ein Konvergenzargument im Hinblick auf die Zeitachse aus. Der Risikokapitalmarkt der USA ist mit seiner frühen Entwicklung als Vorreiter zu sehen, wobei der deutsche Markt, wenn auch mit sehr großer Geschwindigkeit, den Entwicklungen des US-amerikanischen Marktes folgt. Die immer weiter fortschreitende Globalisierung und der intensive internationale Wettbewerb, gerade zwischen den großen Handelspartnern Deutschland und USA, haben die Marktstrukturen beider Länder in der jungen Vergangenheit stark beeinflusst. Dieser Globalisierungstrend entwickelt aus sich heraus eine gewisse Dynamik zur Konvergenz der beiden Risikokapitalmarktstrukturen.

In diesem Kapitel sollen die behaupteten Konvergenztendenzen in den relevanten Marktstrukturen von Deutschland und den USA begründet werden. Die in den jeweiligen Fazits der Darstellungen der Risikokapitalmarktstrukturen aufgezeigten Entwicklungen der letzten Jahre bilden hierfür Grundlage.

4.1 Strukturinduzierte institutionelle Faktoren

Zur Untersuchung der strukturellen Ausprägungen der Konvergenz sind zunächst die Rahmenbedingungen zu betrachten, die die Entwicklung der Risikokapitalmärkte in Deutschland und in den USA bestimmt haben.

In den USA ist der Risikokapitalmarkt als Produktsegment aus dem entwicklungsstarken Kapitalmarkt hervorgegangen. Bis auf wenige externe Anstöße, wie z. B. dem SBIC Programm, ist der Risikokapitalmarkt aus der Dynamik des Kapitalmarktes selbst entstanden. Die Marktteilnehmer waren in den USA seit jeher sehr kapitalmarktorientiert. Ein hohes Mittelaufkommen sowie eine hohe Innovationstätigkeit waren stets gegeben.

Eine solche Eigendynamik konnte im deutschen Kapitalmarkt lange Zeit nicht beobachtet werden. Deutschland war von einem unterentwickeltem Kapitalmarkt und geringer Kapitalmarktorientierung der Marktteilnehmer geprägt. Es benötigte viele, sowohl institutionelle als auch staatliche Anstöße, um die Verkrustungen um den Kapitalmarkt zu lösen. Die starke Stellung der Kreditinstitute in der Unternehmensfinanzierung machte einen funktionsfähigen Risikokapitalmarkt nachrangig. Erst der Rückzug der Kreditinstitute und daraus resultierende Engpässe in der Unternehmensfinanzierung ließen den Risikokapitalmarkt mit seinen zahlreichen Finanzierungsprodukten in den Mittelpunkt rücken. Daraus entstand aber eine große Aufholdynamik des deutschen Marktes.

Diese Gegenüberstellung verdeutlicht die Nachzüglerposition des deutschen Risikokapitalmarktes. Die deutschen Marktstrukturen haben in den letzten Jahren vergleichsweise stärkere

Entwicklungsprozesse durchlaufen mit denen die relative Unreife des deutschen Marktes gegenüber dem der USA abgebaut wurde. Innerhalb dieser Entwicklungen haben sich in Deutschland zunehmend internationale Standards durchgesetzt, die entweder aus den USA übernommen wurden oder sich dort schon seit längerem durchgesetzt haben.

Zu den wesentlichen Entwicklungen in Deutschland zählen die wachsende Bedeutung des Kapitalmarktes in der Unternehmensfinanzierung, die Einführung neuer aufsichtsrechtlicher Bestimmungen bei der Kreditvergabe sowie der Rückzug der Kreditinstitute aus dem Relationship banking und der Aufbau von Investmentbanking Aktivitäten. Diese Entwicklungen belegen grundlegende Angleichungen des deutschen Marktes an den der USA.

Die wachsende Bedeutung des Kapitalmarkts für die Unternehmensfinanzierung und die damit einher gehende Änderung im Kapitalmarktbewusstsein sind keine eigenständigen sondern, konsekutive Entwicklungen. Sie sind die Folge der Veränderungen der Risikopolitik und des Finanzierungsverhalten der Banken.

Die Verschärfung der Kreditvergabestandards für risikobehaftete Kredite an Unternehmen in Deutschland ist nachweisbar. Umfrageergebnisse bei mittelständischen Deutschen Unternehmen deuten auf Finanzrestriktionen hin.[199]

Die Veränderung in der Risikopolitik deutscher Geschäftsbanken steht im Zusammenhang mit neuen Aufsichtsrechtlichen Bestimmungen für die Kreditvergabe. Sie verlangen unter anderem, das Finanzierungsrisiko systematisch zu erfassen und zu bewerten. Kapitalsuchende Unternehmen müssen sich demnach einem Rating unterziehen. Ein solches Ratingerfordernis besteht in den USA schon seit Jahren und hat sich bis dato bewährt.

Mit der Einführung des Ratings sowie internationaler Rechnungslegungsvorschriften in Deutschland gleichen sich die Informationsanforderungen an deutsche Unternehmen denen an, die in den USA üblich und Standard sind. Für die Unternehmen in Deutschland bedeutet dies höhere Anforderungen an ihr Informationsmanagement. Dies verringert die beschriebene Informationsasymmetrie zwischen Unternehmen einerseits und Financiers bzw. Investoren andererseits. Die höhere Informationsdichte und Transparenz stellt einen wichtigen Schritt auf dem Weg zu einem wettbewerbsfähigen deutschen Risikokapitalmarkt dar. In den USA ist eine solche Informationsasymmetrie wesentlich früher abgebaut worden. An den US-

---

[199] Vgl. Geisler (1999) S. 233 ff

amerikanischen Kapitalmärkten bestehen schon lange hohe Informationsstandards und Veröffentlichungspflichten, die von verschiedenen Institutionen, wie z. B. der Securities and Exchange Commission (SEC), streng kontrolliert werden.

Die neu aufkommende Kapitalmarktorientierung in Deutschland ist aus einer bestehenden Strukturproblematik entstanden: Mit der bankenorientierten Unternehmensfinanzierung, basierend auf der traditionellen Hausbankenrolle, hat sich eine hohe Konzentration von Kreditrisiken bei den Banken entwickelt. Der eine im internationalen Vergleich schlechten Eigenkapitalausstattung deutscher Unternehmen gegenüberstand.[200] Die hohen Wertberichtigungen auf Kundenforderungen bei deutschen Banken belegen die Risikoakkumulation und veranlassten die Banken ihr Kreditexposure einzuschränken und sich aus Hausbankenbeziehungen zurückzuziehen.[201] Die Unternehmen in Deutschland ziehen aus dieser Situation bemerkenswerte Konsequenzen: einer jüngsten KFW Studie zufolge wollen 60 % der Unternehmen ihr Rating verbessern, unter anderem durch die Optimierung von Rechnungswesen und Controlling, sowie ihre Eigenkapitalquote erhöhen. Den stärksten Bedeutungszuwachs messen die Unternehmen der Beteiligungsfinanzierung bei. [202]

Die stärkere Kapitalmarktorientierung im deutschen Finanzierungssystem bedeutet daher einen teilweisen Import US-amerikanischer Strukturen. Dabei verlieren die Banken keinesfalls ihre dominante Stellung in der deutschen Unternehmensfinanzierung. Alternative Finanzierungsmöglichkeiten von Unternehmen und scharfer Wettbewerb zwischen in- und zunehmend auch ausländischen Finanzinstituten rückten die Banken nur stärker in die Vermittlerrolle zwischen Unternehmen, Anlegern und Kapitalmärkten.

In der Entwicklung des Risikokapitalmarktes der USA fallen zwei strukturelle Änderungen auf, die große Auswirkungen auf das Risikokapitalmarktgeschäft hatten: die Einführung der Limited Partnership und die Zulassung von Bankenholdings.

Die Limited Partnership übernimmt im wesentlichen die gesellschaftsrechtliche und steuerliche Ausgestaltung der deutschen Kommanditgesellschaft, genauer der GmbH & Co. KG. Die Übernahme von Charakteristika des deutschen Finanzierungssystems, nämlich die langfristige Kapitalbindung und die Unabhängigkeit von Schwankungen am Kapitalmarkt, führten zum

---

[200] Vgl. Rajan, R./ Zingales L. (1995) S. 1428
[201] Vgl. Finanz Betrieb (4/2004) S. 257
[202] Vgl. KFW Studie – Kurzfassung (2004) S.4

Erfolg der Limited Partnership. Die Limited Partnership stellt somit eine Beteiligungsgesellschaft mit Strukturmerkmalen deutschen Typs dar.

Die Zulassung von Bankenholdings bedeutete eine grundlegende Veränderung der Bankenpolitik in den USA. US-amerikanischen Banken wurde es dadurch möglich, bisher getrennt angebotene Leistungen unter einem Dach zu vereinen. Sie können somit aus einer Hand Wertpapierdienstleistungen anbieten als auch Unternehmen mit langfristigen Investitionsmitteln versorgen. Erst diese Veränderungen machten die für die Entwicklung des Beteiligungsgeschäfts bedeutenden, großen *leverage buy-out* Transaktionen möglich. Die Etablierung von Bankenholdings kann als eine Veränderung nach dem Prinzip des deutschen Universalbankensystems verstanden werden. In der Tat führen die Gründungen von Bankenholdings in den USA die Commercial- und Investmentbanken unter einem Dach zusammen und stellen somit eine Aufweichung des US-amerikanischen Trennbankensystems dar.

Diese beiden beschriebenen Entwicklungen zeigen exemplarisch, dass in Teilbereichen der Marktstrukturen eine Konvergenz des US-amerikanischen Finanzierungssystems in Richtung auf das deutsche Finanzierungssystem nachgewiesen werden kann.

Bei einem Blick auf die Entwicklungen der Kapitalmärkte, speziell die der Börsen von Deutschland und den USA, lässt sich folgendes festhalten: die US-amerikanische Technologiebörse NASDAQ stellt einen lukrativen Veräußerungskanal für Beteiligungen des Risikokapitalgeschäftes der USA dar. Die nachhaltige Existenz der NASDAQ unterstreicht die Notwendigkeit der Bereitstellung eines neuen Börsensegments für wachstumsreiche und junge Unternehmen auch in Deutschland. Hieraus lässt sich keine Konvergenz ableiten. Die US Börsen sind der Deutschen Börse in Leistungsangebot und Liquidität weit überlegen.

4.2   Angebotsinduzierte Faktoren

Bei den angebotsinduzierten Entwicklungen sollen zunächst die verschiedenen staatlichen Förderprogramme beider Länder auf Konvergenztendenzen untersucht werden.

Sowohl in den USA als auch in Deutschland hat der Staat frühzeitig Initiativen ergriffen und versucht, die Risikokapitalbranche mit verschiedenen Förderprogrammen zu stimulieren. Dabei förderten die Staaten vor allem gezielt Investitionen in Frühphasenfinanzierungen und Finanzierungen in KMU. In der Tat konnten die Staaten mit ihren Förderprogrammen, insbe-

72

sondere durch die staatlich geförderten Refinanzierungsmöglichkeiten für KBGn, ein durchaus vergleichbares Angebot an Finanzierungsprodukten bewirken.

Die Untersuchung des Angebots an Risikokapital das die Märkte der USA und Deutschlands bereitstellen, differenziert nach Mittelherkunft und Mittelaufkommen, führt zu folgenden Ergebnissen: Die Geschäftsbanken verloren als Investoren im Risikokapitalmarkt in beiden Ländern zunehmend an Bedeutung. Als wichtigste Investoren im Risikokapitalmarkt und Beteiligungsgeschäft haben sich institutionelle Anleger, primär die kapitalstarken Pensionsfonds und Versicherungen sowie in den letzten Jahren vermehrt große Privatvermögen und Stiftungen herausgebildet. Diese Entwicklung hat sich in den zu vergleichenden Ländern, USA und Deutschland, gleichgerichtet jedoch zeitversetzt vollzogen. Das Kapital institutioneller floss erst nach Deutschland, nachdem sich im deutschen Markt internationale Standards sowohl in der Bereitstellung von Informationen als auch in der Rechnungslegung zunehmend durchsetzen. Diese Entwicklung wird unterstützt durch Änderungen im Anlageverhalten privater Investoren, die sich in Deutschland wie in den USA für risikoreichere Anlageformen öffnen.

Das Mittelaufkommen an Risikokapital ist wegen der vergleichsweise größeren Vermögensbildung in den USA deutlich höher als in Deutschland. Die Wachstumsraten im Mittelaufkommen der beiden Länder weisen jedoch eine weitgehende Parallelität auf.[203] Im Aufbau von informellen Venture Capital und Business Angle Strukturen ist der US-amerikanischen dem deutschen weit voraus.[204]

Der Nachholbedarf bei der Eigenkapitalausstattung, insbesondere mittelständischer Unternehmen in Deutschland, sowie die verbesserten Informationsstandards ziehen verstärkt ausländische Beteiligungsgesellschaften an.[205] Damit wächst in Deutschland, ebenso wie in den USA, ein professionelles Leistungsangebot im Wettbewerb zu den Banken.

4.3 Nachfrageinduzierte Faktoren

Unter diesem Gliederungspunkt soll untersucht werden, ob aus der steigenden Nachfrage nach Risikokapital in beiden Märkten, Deutschland und USA, eine Konvergenz der Risikokapitalmarktstrukturen hergeleitet werden kann.

---

[203] Vgl. BVK Jahrbuch (2003) S. 99+143
[204] Vgl. Nittka, I. (2000) S. 94 ff.

Die Ursachen für die erhöhte Nachfrage nach Risikokapital sind in beiden Ländern weitgehend identisch: der steigende Bedarf an Finanzierungsmitteln für Wachstum und Innovation in nationalen und globalen Märkten sowie für betriebliche Anpassungsprozesse aufgrund des verschärften internationalen Wettbewerbs.

Der Bedarf an Risikokapital für diese Finanzierungsaufgaben ist in Deutschland besonders offensichtlich. Die traditionell vorherrschende starke Bankenfinanzierung und die steuerliche Bevorzugung von Fremdkapital bewirkten einen hohen Anteil von Fremdkapital und führten zu einer im internationalen Vergleich niedrigen Ausstattung mit Eigenkapital deutscher, insbesondere mittelständischer Unternehmen. Ein erschwerter Zugang zu Fremdkapital, hervorgerufen durch schlechte Ratings, ließen die Unternehmen zunehmend an die Grenzen der Wachstumsfinanzierung stoßen. Deshalb setzt sich auch im Mittelstand die Erkenntnis durch, dass der Finanzierungsspielraum als Spiegelbild der Risikotragfähigkeit des Unternehmens letztlich nur durch Aufnahme von Risikokapital jeglicher Form gesteigert werden kann.

US-amerikanische Unternehmen verfügen demgegenüber - wie bereits oben dargestellt - über eine traditionell bessere Eigenkapitalausstattung. Sie sind deshalb für den internationalen Wettbewerb und gegenüber zyklischen Konjunkturschwankungen besser gewappnet.

Wenn sich deutsche Unternehmen mit den Möglichkeiten der Aufnahmen von Eigenkapital und Eigenkapitalsurrogaten vermehrt auseinandersetzen, kann argumentiert werden, dass sich Deutschland insofern internationalen Standards anpasst. Dies impliziert nicht zwingend eine Anpassung an US-amerikanische Finanzierungsstrukturen. Dennoch steigt die Bedeutung der Eigenkapitalausstattung als Grundlage für Wachstums- und Innovationsfinanzierung in beiden Ländern.

Eine weitere Entwicklung, die die Risikokapitalmärkte beider Staaten von Seiten der Nachfrage belebt, ist die schon unter den Fazits erwähnte Tendenz zur Portfoliobereinigung großer Unternehmen. Bei US-amerikanischen conglomerates führte ein durch die starken Marktkräfte induzierter Performancedruck schon früher zum Abbau von Diversifizierung. Hierbei wurden in den USA, wie später auch in Deutschland, unrentable Randaktivitäten abgestoßen, um mit den Verkaufserlösen die profitträchtigen Kernaktivitäten zu stärken.[206] In Deutschland

---

[205] Vgl. FAZ, 02. Februar 2004
[206] Vgl. Prahalad, C. K./ Hamel, G. (1990)

setzte eine solche Entwicklung erst später ein, wurde aber im Verlauf durch den Wettbe-werbsdruck des wachsenden europäischen Binnenmarktes intensiviert.[207] Dies führt zu erheb-lichen Zuwächsen im Beteiligungsgeschäft beider Länder, gerade in den Buyout Bereichen. Es findet hier eine zwar zeitversetzte aber gleichgerichtete Entwicklung statt.

Untersucht werden soll abschließend, ob sich die in der Unternehmermentalität verwurzelte Kapitalmarktorientierung als Nachfragefaktor den US-amerikanischen Verhältnissen annä-hert.

Das Kapitalmarktbewusstsein ist in den USA tief verwurzelt. Demgegenüber hat der Erfolg der Limited Partnership bewiesen, dass Kapitalzufluss unabhängig von Schwankungen an den Börsen und niedrige Publizitätspflichten eine steigende Nachfrage nach Risikokapital in den USA auslösten.

In Deutschland vollzieht sich eine ähnliche, nahezu gleichgerichtete Entwicklung. Bei der Aufnahme von Risikokapital außerhalb der Börse sind die Anforderungen insbesondere hin-sichtlich der Publizitätspflichten und die Emissionskosten niedriger als bei Kapitalmarktfi-nanzierungen z. B. IPOs. Geringe Publizitätspflicht und Abschottung von Informationen ge-genüber dem Wettbewerb kommen der deutschen Unternehmermentalität entgegen. Insofern ist die in Deutschland zu beobachtende verstärkte Kapitalmarktorientierung primär auf außer-börsliche Kapitalaufnahme zentriert. Die Inanspruchnahme der Börse zur Risikokapitalauf-nahme wird insbesondere im Mittelstand eher als langfristige Option gesehen, die durchaus ein Stellenwert vergleichsweise dem in den USA erlangen kann.

Die vergleichende Untersuchung der Entwicklungen der Risikokapitalmärkte von Deutsch-land und den USA zeigt Ansätze zur Konvergenz beider Marktstrukturen. Hierbei handelt es sich keinesfalls um Angleichungen in nur eine Richtung. Die Marktsstrukturen bewegen sich auf einander zu. Unterstützt wird diese Entwicklung durch die Globalisierung und die Vernet-zung der Kapitalmärkte, die zunehmend einheitliche Anforderungen, Richtlinien und Struktu-ren vorgibt.

Welche Auswirkungen die Veränderungen in den Risikokapitalmarktstrukturen auf den Mit-telstand, konkret auf den deutschen Mittelstand haben, soll im letzten Teil dieser Arbeit unter-sucht werden.

---

[207] Vgl. Studie mind (2002), S. 26

5 Auswirkungen auf den Mittelstand

Die bereits beschriebenen Entwicklungen sowie Konvergenzen der Risikokapitalmarktstrukturen resultieren teilweise in nicht unerheblichen Auswirkungen auf den Mittelstand.

Für die Untersuchung der Auswirkungen der Entwicklung der Risikokapitalmarktstrukturen auf den Mittelstand ist es erforderlich, das Segment Mittelstand abzugrenzen. Die Untersuchung beschränkt sich auf den deutschen Mittelstand, wobei schwerpunktmäßig Auswirkungen auf die Unternehmens- und Wachstumsfinanzierung untersucht werden sollen. Zur Abgrenzung des Mittelstands wird die Definition aus dem begriffsbestimmenden Teil dieser Arbeit (2. 4) zugrunde gelegt. Die unter „mikro" eingestuften Unternehmen mit einem Umsatz bis € 2 Millionen und weniger als 10 Beschäftigten werden nicht in die Untersuchung einbezogen. Diese Unternehmensgruppe ist von den Entwicklungen und Konvergenzen weitestgehend nicht betroffen. Sie liegen außerhalb der Zielgruppe des Risikokapitalmarktes. Die Auswirkungen aus den neuen aufsichtrechtlichen Anforderungen, die später genauer untersucht werden, betreffen die Gruppe der Mikrounternehmen nur peripher. Kleinvolumige Kredite unter 1 Mio. € fallen bei den Banken in das Retailsegment. Für Kredite in der Klasse des Retailsegments gelten geringe aufsichtsrechtliche Anforderungen an die Messung des Kreditrisikos; hierbei wird das Kreditrisiko nicht individuell sondern für ganze Klassen bestimmt.[208]

Der bisher verwendeten Systematik folgend, werden die Auswirkungen der Entwicklungen der strukturellen Rahmenbedingungen und die der Erweiterungen des Private Equity Angebots getrennt von einander untersucht.

5.1 Auswirkungen durch Entwicklungen der strukturellen Rahmenbedingungen

Die wesentlichsten Änderungen der strukturellen Rahmenbedingungen stellen die neuen aufsichtsrechtlichen Anforderungen und deren Angleichung an international wettbewerbfähige Standards dar. Sie stellen den breiten Mittelstand bei der zukünftigen Unternehmensfinanzierung vor große Herausforderungen.

---

[208] Vgl. Landwirtschaftliche Rentenbank (2002) S. 18

Der Mittelstand wird sich drauf einstellen müssen, seine Finanzierungsgewohnheiten grundlegend zu ändern. Es wird sich für die Unternehmen in Zukunft als schwer erweisen, ihren Finanzierungsbedarf ausschließlich durch die Aufnahme von weiterem Fremdkapital über ihre Hausbank zu decken. Wie bereits beschrieben, ziehen sich die Banken zunehmend aus der engen Kundenbindung und Hausbankenbeziehung zurück. Grundlage für diese Entwicklung ist Basel II. Die neue Eigenkapitalverordnung, die 2006 in Kraft treten soll, aber bereits heute die Risikopolitik der Banken bestimmt, wird die Rahmendaten der Fremdfinanzierung verändern. Während bislang Unternehmenskredite seitens der Banken ungeachtet der Unternehmensbonität bei einem pauschalen Risikogewicht von 8 % einheitlich mit 100 % Eigenkapital unterlegt wurden müssen, verlangt der Baseler Akkord künftig eine nach Bonitätsklassen differenzierte Eigenkapitalunterlegung.[209] Als Grundlage dieser Klassifikation werden interne oder externe Ratings herangezogen. Eine solche ratingdeterminierte Eigenkapitalunterlegung wird sich in risikodifferenzierten Kreditkonditionen niederschlagen. Dies bedeutet: „die Höhe des zu zahlenden Kreditzins wird sich künftig stärker vom tatsächlichen Risiko des Kredits, d. h. von der Bonität des Schuldners abhängen."[210] Infolge der hochgradigen Bankenabhängigkeit und der niedrigen Eigenkapitalquote wird der deutsche Mittelstand von der Baseler Neuregelung stark betroffen sein.

Die neuen Ratinganforderungen an den deutschen Mittelstand, wie sie in den angelsächsischen Ländern schon weit verbreitet sind, stellen sowohl Herausforderung als auch Chance dar. Die Unternehmen müssen in Zukunft bedacht sein, stets ein gutes Rating zu erzielen. Ein solches Rating kann als Visitenkarte des Unternehmens verstanden werden. Gute Ratings eines Kreditnehmers begründen Chancen auf vorteilhafte Kreditkonditionen, während ein schlechtes Rating die Kreditkosten in die Höhe treiben wird. Die verschärfte Risikoauslese seitens der Banken wird in Zukunft häufiger zu Kreditabsagen führen.

---

[209] Vgl. IWK Studie (2001) S. 174
[210] Vgl. ebenda

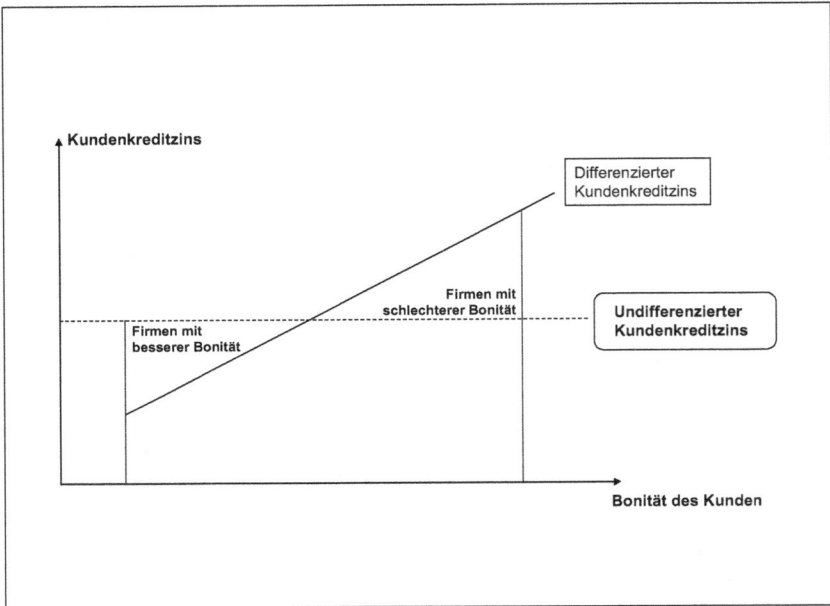

Abbildung 10: Bonitätsabhängige Kreditkonditionen[211]

Die Einführung der Ratings wird für die Mehrzahl mittelständischer Unternehmen einen erheblichen Mehraufwand beinhalten. Für die Erstellung der Ratings müssen die Unternehmen detaillierte Informationen über ihre Geschäftstätigkeit zur Verfügung stellen. Dazu zählen unter anderem zukunftsfähige Finanz- und Investitionskonzepte, die die Banken überzeugen. Dies setzt wiederum eine ausführliche Dokumentation der Betriebsdaten voraus.[212] Viele Mittelständler, darunter speziell die kleineren mit einem Umsatz bis 50 Mio. €, werden mit dem Problem konfrontiert, dass sie zurzeit nicht über die Möglichkeiten verfügen, solche Informationen zu liefern. Nach einer Studie von PwC Deutsche Revision war nur bei der Hälfte der untersuchten mittelständischen Unternehmen das Rechnungswesen in der Lage, eine Berichterstattung nach Segmenten, sowie aufschlussreiche Analysen der Ertragslage bezüglich Erfolgs- und Risikofaktoren zu erstellen.[213]

---

[211] Vgl. Paul, Prof. Dr. S./Stein, Dr. S. (2002) S.33

[212] Vgl. Landwirtschaftliche Rentenbank (2002) S. 25

[213] Vgl. PwC Deutsche Revision (2001) S. 12

Um ein schlechtes Rating aufgrund unzureichender Informationen zu verhindern, werden die Unternehmen neue Informationssysteme (z. B. SAP) einführen müssen, ein verstärktes Controlling betreiben oder externe Hilfe in Form von Wirtschaftsprüfern oder Rating Advisors hinzuziehen müssen. Beides wird zu einem zeitlichen und finanziellen Mehraufwand führen. Der gehobene Mittelstand, Unternehmen mit einem Umsatz bis 500 Mio. €, kann den erhöhten Informationsbedarf leichter bedienen. Diese Unternehmen verfügen i. d. R. bereits über gut ausgebaute Informationssysteme und eine zeitnahe Berichtserstattung. Der Mehraufwand wird hier gering sein.

Für ein gutes Rating ist ein qualifiziertes Managements von hoher Bedeutung. Hierbei bewertet das Rating vor allem: „...die Stärke und Fähigkeit des Managements, auf veränderte Bedingungen effektiv zu reagieren und Ressourcen einzusetzen."[214] Auch hier ist der gehobene Mittelstand im Vorteil, da er meist schon über eine qualifizierte Unternehmensführung verfügt. Bei den kleinen Mittelständlern wird laut der Studie *mind* von 2002 bei 66, 6 % der untersuchten Unternehmen die Firma noch vom Eigentümer allein geführt.[215] Es fehlen i. d. R. auch die Mittel, um Managementqualitäten extern einzukaufen. Solche Mittelständler müssen in Zukunft bedacht sein, das Management Know how zu verbessern.

Generell wird sich die Beziehung zwischen Unternehmen und Banken dahingehend verändern, dass sie in Zukunft durch erhöhte Transparenz und Kommunikation beider Seiten gekennzeichnet sein wird. Dies bedeutet aber auch, dass das Handlungsspektrum der Unternehmen um eine Komponente erweitert wird. Während sich Unternehmen früher hauptsächlich um die Beziehungen mit den Kunden auf der einen Seite und den Lieferanten auf der anderen Seite befassen mussten, erfordern die Beziehungen zu den Banken in Zukunft mindestens soviel Aufmerksamkeit. Hierin besteht bei vielen Mittelständlern Nachholbedarf. Gemäß der PwC Studie liefern nur 40 % der Unternehmen ein regelmäßiges und zeitnahes Berichtswesen an die Kreditinstitute, bei weiteren 26 % existiert ein solches zwar, erfolgt aber nicht zeitnah. Bei einem Drittel der befragten Unternehmen findet keinerlei Informationsaustausch mit den Kreditgebern statt.[216]

---

[214] Vgl. PwC Deutsche Revision (2001) S. 12
[215] Vgl. Studie mind (2002) S. 15
[216] Vgl. ebenda S. 20

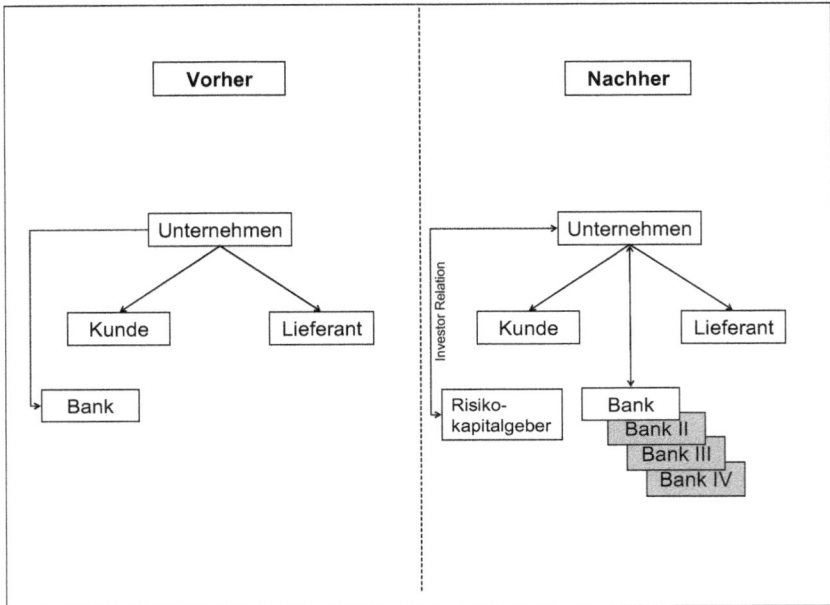

Abbildung 11: Finanzbeziehungs-Modell für mittelständische Unternehmen [217]

Abbildung 11 soll die veränderte Stellung der Banken innerhalb der externen Unternehmens-beziehungen verdeutlichen. In dieser Beziehung werden sich vor allem die kleinen Mittel-ständler umstellen müssen. Der gehobene Mittelstand pflegt i. d. R. bereits intensive Bezie-hungen zu seinen Kreditgebern und hält mehrere Bankverbindungen. Dies räumt ihm einen größeren Spielraum bei Kreditverhandlungen ein. Kleinere Firmen sind von Finanzrestriktio-nen der Hausbank besonders betroffen, da sie durchschnittlich nur eine Hausbankverbindung unterhalten. Das Ausweichen auf eine neue Bankverbindung gestaltet sich oft schwierig. Stu-dien belegen die Erfahrung, dass Kreditwünsche bei Neukontakten eine höherer Ablehnungs-gefahr beinhalten. Für kleinere Mittelständler ist es deshalb vorteilhaft, frühzeitig Neben-bankverbindungen aufzubauen und zu pflegen.[218] Die kleinen Mittelständler sollten demnach in Zukunft bedacht sein weitere Bankenverbindungen anzustreben.

---

[217] Eigendarstellung
[218] Vgl. Finanz Betrieb (4/2004) S. 257

Das wichtigste quantitative Entscheidungskriterium bei der Beurteilung der Bonität eines Unternehmens stellt die Finanzstruktur dar.[219] Eine starke Eigenkapitalposition ist die beste Grundlage für ein gutes Rating. Da der Selbstfinanzierung, d. h. der Eigenmittelerhöhung durch Gewinnthesaurierung oder Einlagen der Gesellschafter oft Grenzen gesetzt sind, müssen die Mittelständler versuchen, eine stärkere Eigenkapitalbasis vor allem über institutionelle Beteiligungsformen zu generieren.[220] Die zukünftige Maxime sollte also lauten: „Eigen- statt Fremdkapital".

Dem gehobenen Mittelstand wird die Eigenkapitalbeschaffung leichter fallen, da der Markt dieser Zielgruppe ein breites Spektrum an Möglichkeiten zur Versorgung mit Eigenkapital sowie mit Eigenkapitalsurrogaten, wie z. B. Direktbeteiligungen oder Mezzaninfinanzierung, bereit hält. Die kleinen Mittelständler können ihre Eigenkapitalquote meist nur über Kreditsubstitute, wie Leasing, Factoring oder Assed Backes Securities verbessern. Eine Studie der Europäischen Kommission aus dem Jahre 2000 zeigt jedoch, dass das Problem der Eigenkapitaldefizite in Deutschland nicht bei den Großunternehmen sondern insbesondere im breiten Mittelstand besteht. Die Eigenkapitalquote kleiner Unternehmen liegt sieben Prozentpunkte unter derjenigen der mittelgroßen Unternehmen und sogar zwölf Prozentpunkte unter derjenigen der großen Unternehmen.[221] Das im vergleich zu Großunternehmen deutlich geringere Eigenkapitalpolster mittelständischer Unternehmen spiegelt sich auch im Insolvenzgeschehen wider. 43,5 % aller Insolvenzen von Unternehmen finden sich in der Unternehmensgrößenklasse bis 0,5 Mio. € Umsatz. Betriebe mit mehr als 0,5 und bis 50 Mio. € Umsatz sind mit 59,9 % an den Konkursen beteiligt. Unternehmen mit mehr als 50 Mio. € Umsatz machen weniger als 1 Prozent der von einer Insolvenz betroffenen Unternehmen aus.[222] Darin liegt ein besonderes Dilemma für kleinere Mittelständler. Aufgrund der schlechten Eigenkapitalquote und dem hohen Anteil an Insolvenzen wird dieser Unternehmensgruppe ein höheres Risikopotential unterstellt, was für diese Unternehmen erschwerte Finanzierungsbedingungen bedeutet. Diese Unternehmensgruppe hat begrenzten Zugang zu Eigenkapital, obwohl die Eigenkapitalverstärkung für die Zukunftssicherung von größter Wichtigkeit wäre.[223]

---

[219] Vgl. Paul, Prof. Dr. S./Stein, Dr. S. (2002) S.41
[220] Vgl. IWK Studie (2001) S. 193
[221] Vgl. Europäische Kommission (2003) S. 163
[222] Vgl. Paul, Prof. Dr. S./Stein, Dr. S. (2002) S.26
[223] Vgl. Leland, H./ Pyle, D. (1977) S. 371

Die im Mittelstand akzeptierteste Finanzierungsform zur Verbesserung der Eigenkapitalausstattung ist die Direktbeteiligung z. B. in Form von Private Equity.[224] Gemäß der Studie *mind* waren 2002 noch 89,3 % der untersuchten, mittelständischen Unternehmen in Privatbesitz, nur 9,5 % hatten bereits andere Gesellschafter aufgenommen.[225] Von den Mittelständlern die noch keine Gesellschafter aufgenommen haben ziehen nur 9 % privates Beteiligungskapital als unterstützenden Finanzierungsquelle in Erwägung.[226] Um das Eigenkapitaldefizit abzubauen, muss sich demnach in der mittelständischen Unternehmermentalität noch mehr Problembewusstsein durchsetzen und sich diese Unternehmensgruppe gegenüber neuen Gesellschaftern öffnen.

Zusammenfassend lässt sich sagen, dass der Kapitalmarkt für den deutschen Mittelstand als originäre Finanzierungsquelle in Zukunft an Bedeutung gewinnen wird. Für die hier betrachtete Kerngruppe des Mittelstands stellt Beteiligungskapital eine wesentliche Ergänzung im Finanzierungsspektrum dar. Beteiligungskapital stärkt die Risikotragfähigkeit der Unternehmen, verbessert das Rating und stärkt die Wettbewerbsposition. Aufgrund der Angleichung an internationale Standards ist von einem Bedeutungsgewinn dieser Finanzierungsinstrumente auszugehen.

Investoren in Eigenkapital in Form einer Beteiligung erwarten eine Ausstiegsperspektive (Exit). Eine schnelle Wiederbelebung der Neuemissionstätigkeit (IPO) in Deutschland ist daher wichtig, damit Private Equity und Beteiligungskapital als Finanzierungsinstrumente nachhaltig ihrer Bedeutung gerecht werden können.

Die Börsenorientierung als Teil des Kapitalmarktbewusstseins ist im deutschen Mittelstand noch gering ausgeprägt. Bemerkenswerterweise setzten sich 32, 6 % der mittelständischen Unternehmen, die Beteiligungskapital aufgenommen haben, mit einem Börsengang auseinander.[227] Dies unterstreicht den Wandel in der Unternehmensmentalität als Folge der Aufnahme von Beteiligungskapital und belegt, dass sich die Kapitalmarktorientierung im Mittelstand auf gutem Wege befindet.

---

[224] Vgl. DAI (2003) S. 14
[225] Vgl. mind Studie (2002) S. 15
[226] Vgl. Studie, der deutsche Mittelstand – Auffassungen und Erwartungen (2004) S. 14
[227] Vgl. DAI (2003) S. 42

Die Einführung der Ratings wird von vielen Mittelstandsunternehmen wegen der negativen Auswirkungen kritisiert. Mit der Durchsetzung von Ratings sind aber auch Chancen für den Mittelstand verbunden. Die durch Mehraufwand gewonnen Informationen erhöhen die Transparenz des betrieblichen Geschehens und unterstützen die Unternehmensführung. Durch die Ratingprozesse bauen sich Informationsdefizite und die asymmetrische Informationsverteilung ab, was niedrigere Transaktionskosten sowie sinkende durchschnittliche Finanzierungskosten zur Folge hat.[228] Die Angleichung deutscher Rahmenbedingungen an internationale Standards ist unumkehrbar und liegt in beiderseitigem Interesse - im Interesse der Bank und des mittelständischen Unternehmens.

5.2 Auswirkungen durch Erweiterung des Private Equity Angebots

Die Entwicklung des Risikokapitalmarkts in den letzten Jahren ist gekennzeichnet durch ein stetig steigendes Mittelaufkommen. Dies bewirkte ein zunehmend wachsendes Angebot an Private Equity Finanzierungen. Für den Mittelstand steht dieses steigende Angebot an Private Equity zur Verfügung, wenn die Unternehmen die Zielkriterien erfüllen. Diese sind: gereifte Unternehmen, i. d. R. Old Economy, stetiges Unternehmenswachstum, solider Track Record und vor allem ein überdurchschnittliches Wertsteigerungspotenzial.[229] Nur gut positionierte und wachstumsstarke Mittelständler werden deshalb Private Equity Partner für ihre Expansionspläne finden.[230] Hiervon wird vor allem der bereits etablierte, gehobene Mittelstand profitieren. Der breite, kleine Mittelstand konnte bisher nur wenig von der Entwicklung des Marktes für externes Beteiligungskapital profitieren, da die kleinen Unternehmen, ausgenommen hochspezialisierte Technologiefirmen, nicht in die Zielgruppe fallen oder unterhalb der Wahrnehmungsgrenze von Beteiligungsgesellschaften liegen.[231] Für die Gesellschaften sind Investitionen in kleine Unternehmen meist unrentabel, da sie sehr viel Zeit und Managementleistung in Anspruch nehmen bei geringen Renditeaussichten.

Ein weiteres Hindernis für Private Equity Finanzierungen im breiten Mittelstand liegt in den Sprachbarrieren und Berührungsängsten zwischen Unternehmern einerseits und den Beteili-

---

[228] Vgl. Finanz Betrieb (12/2003) S. 789
[229] Vgl. KFW Bankengruppe (2003) S. 1
[230] Vgl. Frommann, H./Dahmann, A. (2003) S.71
[231] Vgl. KFW Bankengruppe (2003) S. 7

gungsgesellschafen andererseits.[232] Ein großer Teil der im deutschen Markt aktiven Investoren ist im angloamerikanischen Investmentbanking ausgebildet und mit dem Denken und der Mentalität des deutschen Unternehmers zu wenig vertraut. Die Unternehmer haben von Beteiligungsunternehmen vielfach den Eindruck, dass sie mehr an einer kurzfristigen Gewinnrealisierung interessiert sind als an der langfristigen Wertentwicklung des Unternehmens.

Die Angebotslücke an Risikokapital für den breiten Mittelstand ist gegeben und erkannt. Die KFW ist bemüht Lösungsansätze zu entwickeln, die Eigenkapitalinvestitionen in den „breiten" Mittelstand am Risikokapitalmarkt etablieren.[233] Die KFW hilft außerdem mit Mezzanine- und Eigenkapitalprogrammen.[234]

Die Aufnahme von Mezzanine Capital ist für kleine und mittelständische Unternehmen eine sehr interessante Finanzierungsalternative. „Durch die Aufnahme von Mezzanine Capital wird zusätzliches wirtschaftliches Eigenkapital geschaffen, welches den Spielraum zur Ausnutzung von Wachstumsperspektiven bedeutend erweitert."[235]

Die begrenzte Anzahl von geplanten IPOs für das Jahr 2004 belegt, dass die Börse dem Mittelstand Zugang zu Eigenkapital und Finanzierungsmitteln verschaffen kann. Allerdings zeigt der Markt nur Interesse für Wachstums- und Substanztitel. [236]

---

[232] Vgl. Achleitner, A.-K./Fingerle, C. H. (2003) S.8
[233] Vgl. KFW Bankengruppe (2003) S. 11
[234] Vgl. Handelsblatt, 17. Februar 2004, S. 24
[235] Vgl. Finanz Betrieb (1/2003) S. 10
[236] Vgl. Börsen-Zeitung (25.03.04), S. 1

6 Ausblick

Die Untersuchungen dieser Arbeit verdeutlichen, dass die Entwicklungen der Risikokapital-marktstrukturen von Deutschland und den USA in den letzten Jahren gewisse Konvergenzen aufweisen. Die Untersuchung versucht ferner, den Nachweis zu erbringen, dass diese Entwicklungen nicht unerhebliche Auswirkungen auf den Mittelstand, insbesondere auf dessen zukünftigen Finanzierungsverhalten haben.

Bezogen auf Deutschland, insbesondere vor dem Hintergrund der Eigenkapitallücke, ist die Konvergenz der Marktstrukturen noch nicht weit genug fortgeschritten. Die deutschen Markt-strukturen bieten dem etablierten Mittelstand innovative Formen von Eigenkapitalfinanzie-rungen. Der breite Mittelstand hat zu diesen Finanzierungsformen noch so gut wie keinen Zugang, so das für die Schließung der Eigenkapitallücke in dieser Unternehmensgruppe noch eine Lösung aussteht die notwendig wäre, um deren Existenz und Weiterentwicklung nachhaltig zu sichern.

Um der Problematik der Eigenkapitalunterversorgung im breiten, für das Wachstum der deut-schen Volkswirtschaft wichtigen Mittelstand zu begegnen, sind weitere Veränderungen vor allem bei den Unternehmen, aber auch in den steuerlichen, regulativen und kapitalmarktbezo-genen Rahmenbedingungen notwendig. Dies belegt eine Studie die zu dem Ergebnis kommt, das Deutschland im Europäischen Vergleich der rechtlichen und steuerlichen Rahmenbedingungen weit unter Durchschnitt Rang 13 einnimmt. [237]

Wenn die Unternehmen in Deutschland die psychologischen Barrieren überwinden und sich dem Beteiligungskapital öffnen, die steuerlichen Nachteile gegenüber den wichtigsten Wett-bewerbsländern abgebaut, die bürokratischen Hürden in Deutschland verringert und der Bör-sengang und damit die Exit Möglichkeiten erleichtert werden, würde der Risikokapitalmarkt in Deutschland nicht in seinem Volumen, aber in seiner Struktur eine mit dem US-amerikanischen Risikokapitalmarktmodell vergleichbare Reife erreichen.

---

[237] Vgl. Frommann, H./Dahmann, A. (2003) S.70

Anhang

Abbildungsverzeichnis

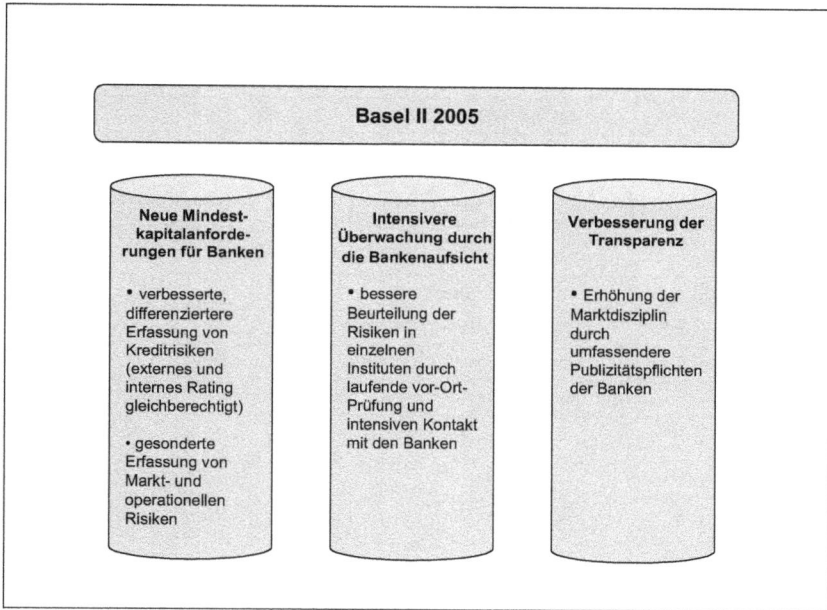

Basel II 2005

Neue Mindest-kapitalanforde-rungen für Banken	Intensivere Überwachung durch die Bankenaufsicht	Verbesserung der Transparenz
• verbesserte, differenziertere Erfassung von Kreditrisiken (externes und internes Rating gleichberechtigt) • gesonderte Erfassung von Markt- und operationellen Risiken	• bessere Beurteilung der Risiken in einzelnen Instituten durch laufende vor-Ort-Prüfung und intensiven Kontakt mit den Banken	• Erhöhung der Marktdisziplin durch umfassendere Publizitätspflichten der Banken

Abbildung 1: Basel II – Das Drei-Säulen-Konzept [238]

---

[238] Vgl. IWK Studie (2001) S. 17

Juli 1988	Veröffentlichung der geltenden Basler Eigenkapitalverordnung
Ende 1992	Inkrafttreten von Basel I
Januar 1996	Basler Marktrisikopapier
Juni 1999	1. Konsultationspapier Basel II
Januar 2001	2. Konsultationspapier Basel II
Ende Mai 2001	Ende der Konsultationsperiode
Ende 2001	Auswertung der „Quantitativen Impact Study"
Anfang 2002	3. Konsultationsperiode
Ende Februar 2002	Ende der 3. Konsultationsperiode
Mitte/ Ende 2002	Veröffentlichung von Basel II
2005	Inkrafttreten von Basel II

Abbildung 2: Chronologie der Basler Eigenkapitalverordnung [239]

[239] Vgl. IWK Studie (2001) S. 35

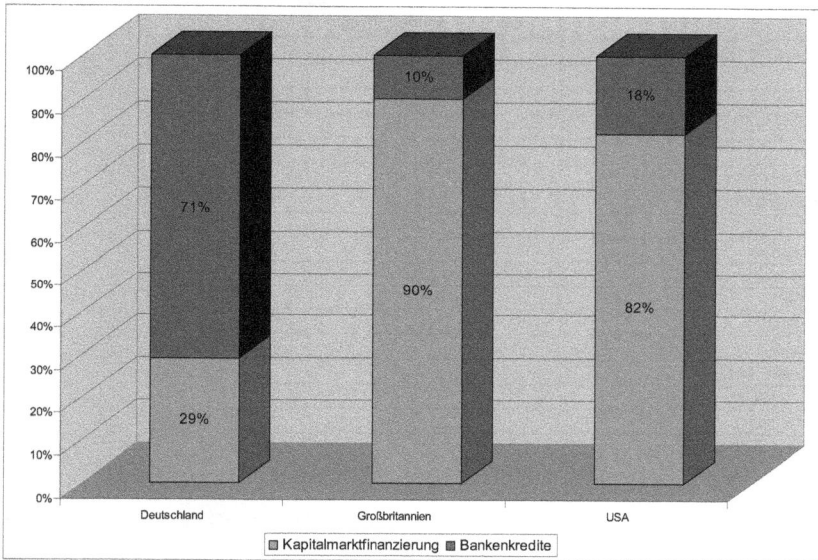

Abbildung 3: Unternehmensfinanzierungsstrukturen im internationalen Vergleich [240]

---

[240] Vgl. Finanz Betrieb (1/2003) S. 6

Land	Bewertung
Großbritannien	1,20
Irland	1,58
Luxemburg	1,67
Niederlande	1,79
Italien	1,96
Griechenland	1,96
Durchschnitt	**2,04**
Frankreich	2,09
Schweden	2,09
Belgien	2,14
Spanien	2,17
Finnalnd	2,25
Portugal	2,32
Deutschland	**2,41**
Dänemark	2,48
Österrreich	2,53

(1= günstig, 3= ungünstig)

Abbildung 4: Einschätzung der steuerlichen und rechtlichen Rahmenbedingungen für Venture Capital und Private Equity[241]

---

[241] Vgl. Frommann, H./Dahmann, A. (2003) S.74

Literaturverzeichnis

Achleitner, A.-K./Fingerle, C. H. (2003): Venture Capital und Private Equity als Lösungsansatz für Eigenkapitaldefizite in der Wirtschaft – Einführende Überlegungen, München

BHF Private Equity, CMS Hasche Sigle, KPMG, Mergermarket, (2004): Kooperative Studie, Der deutsche Mittelstand – Auffassungen und Erwartungen

Börsen Zeitung, (2004): Postbank bei Börsengang unter Erfolgsdruck, Artikel vom 25 März 2004

Bundesverband Deutscher Kapitalbeteiligungsgesellschaften (BVK), (2004): Statistik, Das Jahr 2003 in Zahlen, Berlin

Bundesverband Deutscher Kapitalbeteiligungsgesellschaften (BVK), (2003): Spezial, Venture Capital in den USA 2002, Berlin

DAI – Deutsches Aktieninstitut (2003): Studie: Kapitalmarkt und Mittelstand, Heft 24, Frankfurt am Main

Deutsche Bundesbank (2003): Monatsbericht Oktober, Zur wirtschaftlichen Situation kleiner und mittlerer Unternehmen in Deutschland

Enzyklopädisches Lexikon (1957): Für Das Geld-, Bank- und Börsenwesen, Frankfurt am Main

Europäische Kommission (2003): Amtsblatt, Definition der Kleinstunternehmen sowie der kleinen und mittleren Unternehmen

Europäische Kommission (2003): Das europäische Beobachtungsnetz für KMU – Sechster Bericht, Luxemburg

Finanz Betrieb (1/2003): Artikel: Leveraged Buyout in Germany

Finanz Betrieb (12/2003): Artikel: Finanzierungsprobleme von mittelständischen Unternehmen

Finanz Betrieb (3/2004): Artikel: Inwieweit können Hausbankenbeziehungen die Finanzierungsprobleme von mittelständischen Betrieben mindern?

Finanz Betrieb (4/2004): Artikel: Empirische Studien zu Finanzrestriktionen in Deutschland und die Ablösung des Denkmodells einer exklusiven Hausbankbeziehung

Finanz Betrieb (7-8/2003): Artikel: Basel II: Eine Chance für den Mittelstand

Finanz Betrieb (9/2003): Artikel: Aktuelle Entwicklungen in der Unternehmensfinanzierung

Finanz Betrieb (9/2003): Artikel: Bedeutung und Anforderungen von Management-Buy-Outs bei der mittelständischen Unternehmensnachfolge

Frankfurter Allgemeine Zeitung: Amerikaner kaufen europäische Firmen, Artikel vom 02 Februar 2004

Frankfurter Allgemeine Zeitung: Das Zauberwort heißt „Private Debt", Artikel vom 25. März 2004

Frankfurter Allgemeine Zeitung: Deutsche Unternehmen zahlen höhere Zinsen als Ausländer, Artikel vom 17. Februar 2004

Frankfurter Allgemeine Zeitung: Kreditnotstand oder Eigenkapitalchance?, Artikel vom 13. Oktober 2003

Frommann, H./Dahmann, A. (2003): Zur volkswirtschaftlichen Bedeutung von Private Equity und Venture Capital; Herausgegeben vom Bundesverband Deutscher Kapitalbeteiligungsgesellschaften, Berlin

Gaida, M. (2002): Venture Capital in Deutschland und den USA, Finanzierung von Start-ups im Gefüge von Staat, Banken und Börse, Wiesbaden

Geisler (1999): Das Finanzierungsverhalten kleiner und mittlerer Unternehmen

Gräfer, H./ Beike, R./ Scheld, G. (1998): Finanzierung – Grundlagen, Institutionen, Instrumente und Kapitalmarkttheorie, 4., unveränderte Auflage, Berlin

Handelblatt: Mittelstand muss bei Finanzierung umdenken, Artikel vom 17. Februar 2004

Handelsblatt: Beteiligungsfirmen erwarten Börsengänge, Artikel vom 01. April 2004

Handelsblatt: Bundesregierung startet neue Fonds für Beteiligungskapital, Artikel vom 17. Februar 2004

Handelsblatt: Eigenkapitaltopf finanziert den Mittelstand, Artikel vom 05. März 2004

IWK – Institut für Wirtschaftsanalyse und Kommunikation, (2001): Studie, Rating als Herausforderung für den Mittelstand und Banken, Basel II und seine Auswirkungen, München

KFW Bankengruppe, (2003): Eigenkapital für den breiten Mittelstand, Frankfurt a. M.

Kokajl, L./Paffenholz, G./Moog, P. (2003): Neue Tendenzen in der Mittelstandsfinanzierung, Wiesbaden

Leland, H. / Pyle, D. (1977): Informational asymmetries, financial structure, and financial intermediation, in: Journal of Finance, 32 (2), S. 371-387

Leopold, G./Frommann, H./ Kühr, T. (2003): Private Equity – Venture Capital, Eigenkapital für innovative Unternehmer, 2., überarbeitete und aktualisierte Auflage, München

M & A, Mergers and Acquisitions Review (2004): Trade Sale als Exit-Strategie, Ausgabe Januar

Mind Studie, (2002): Mittelstand in Deutschland, Köln

Nittka, I. (2000): Informelles Venture Capital am Beispiel von Business Angles, Stuttgart

Paul, Prof. Dr. S./Stein, Dr. S. (2002): Rating, Basel II und die Unternehmensfinanzierung, Köln

Prahalad, C. K. / Hamel, G. (1990): The core competence of the corporation, in: Harvard Business Review, 68, S. 79-91

PwC Deutsche Revision, (2001): Industriestudie – Fit für Rating ?, Frankfurt am Main

Rajan, R. / Zingales, L. (1995): What do we know about capital structure? Some evidence from international data, in: Journal of Business Venturing 1421-1460

Svetlozar, R. Nikolov (2000): Die Rolle der Banken im Finanzierungssystem – Eine komparative Analyse der Bankensysteme in Deutschland und den USA, Marburg

Venture Capital Magazin, (2003): Sonderausgabe Mittelstandsfinanzierung, Wolfratshausen

Von Rosen, Prof. Dr. R. (2001): Eigenkapital für den Mittelstand, Vortrag zum Eurobörsentag 2002, Frankfurt am Main

Internetquellen

Europäische Kommission – KMU-Definition,
http://europa.eu.int/comm/enterprise_policy/sme_definition/index_de.htm

IMF Institut für Mittelstandsforschung der Universität Mannheim, Definition KMU,
http://www.ifm.uni-mannheim.de/unter/faq/KMU-Definition_V4.pdf

KfW Mittelstandsbank, Lexikon Finanzierungsphasen, http://www.kfw-mittelstandsbank.de/mportal/tbg/Services/d050Lexikon/Finanzierungsphasen.html

KFW, Studie zu den Finanzierungsbedingungen kleiner und mittlerer Unternehmen, Kurzfassung (2004), http://www.kfw-bankengruppe.de/DE/Research/Sonderthem68/Unternehme.jsp

m-e-x, Mezzanine Capital als Finanzierungsform für den Mittelstand,
http://www.m-e-x.de/expert.cfm?artikel_id=70&autor=32

MRD.de, Mitteldeutscher Rundfunk, Das 4. Finanzmarktfördergesetz,
http://www.mdr.de/wirtschaft/321547.html

Suhlrie, D. (2001) Vortrag: Basel II Stabilität und Solarität im Finanzsystem?!,
http://www.deutscher-verband.org/_downloads/vortrag_suhlrie.pdf

UBS – Bankenfachwörterbuch, http://www.ubs.ch/g/about/bterms.html

Versicherungsaufsichtsgesetz VAG (Stand 1 Januar 2001),
http://www.rz.uni-karlsruhe.de/~ivw/daten/vag.pdf

www.ingramcontent.com/pod-product-compliance
Lightning Source LLC
Chambersburg PA
CBHW021944220326
41599CB00013BA/1682